図解でわかる

相続発生後でも間に合う 完全節税マニュアル 改訂新版

相続コーディネート実務士
曽根恵子 ●著

幻冬舎MC

はじめに

「亡くなってからでも相続税は節税できる！」
評価を下げる＋納税を減らす&専門家＝相続税の節税

　平成27年に相続税の改正があり、基礎控除の引き下げや最高税率の引き上げなどが行われました。結果、相続税を納税する方は、改正前の平均4.2％から平成28年度には8.1％と、約2倍になりました（国税庁「平成28年分の相続税の申告状況について」より）。今までに増して相続対策が必要な時代になります。

　私が相続コーディネートを始めたのは平成4年、管理するアパートの大家さんが亡くなりました。相続税は3000万円と試算されましたが、そんな現金はありません。そこで宅地を相続人ごとに分筆し、私道も分筆するなど路線価や地形を変えて土地の評価を下げる工夫をして、相続税は1900万円にまで減らせました。さらに申告期限までに土地を売却して納税することもできたのです。

　この経験で「亡くなってからでも土地の評価を下げることで"相続税が安くなる"」ということに気がつきました。不動産の実務知識が不可欠だということも痛感し、「相続コーディネート」の業務を始めたのです。相続の実例が増えるにつれ、亡くなってからでも土地の評価を下げることで相続税が減らせることを確信しています。この事実を多くの方に知っていただこうと実例をまとめた著書を毎年出版してきました。

　本書は「亡くなってからでも相続税は節税できる！」をコンセプトとして、節税を実現するためには「評価を下げる＋納税を減らす」ことにあり、そして節税の実績を持つ「専門家」を選ぶことが大切であることを、相続ストーリーを紹介しながら、まとめています。相続になってしまった方や相続を控えている方の実務のお役立ていただければ幸いです。また、実務をともに進める専門家としてご相談いただき、サポートすることができればうれしい限りです。

　それでも、やはり、節税効果が大きいのは生前対策です。本書と合わせて「相続税を減らす生前の不動産対策」もご活用いただき、経済的な負担のないよう相続を実現されることを祈念致します。

平成30年5月
相続コーディネート実務士　曽根恵子

●節税のポイント

【評価・申告】のときにできる節税・・・徹底的に節税評価をする

- ①測量をして面積、地形を確認する（面積の増減）
- ②道路の状態で評価減する（無道路、セットバック、計画道路）
- ③土地の形状で評価減する（不整形）
- ④がけ地、傾斜地等の現況を評価する
- ⑤高圧線下の土地は減額できる
- ⑥区画整理中の土地は減額要素がある
- ⑦規模格差補正率評価を適用する
- ⑧鑑定評価を採用する
- ⑨路線価評価で売れなかった土地は時価申告する
- ⑩特殊な事情は評価に反映させる
- ⑪用途地域境の評価減

【遺産分割】のときにできる節税・・・相続の方向性の鍵となる

- ①小規模宅地特例の使い方で変わる※誰が相続するか
- ②小規模宅地特例の使い方で変わる※どこに適用するか
- ③土地を分筆することで減額になる
- ④配偶者税額軽減の特例を利用する（納税を減らす）

【納税】のときにできる節税

- ①売却は3年以内にする（相続税の取得費加算を利用）
- ②売却するなら相続した土地にする（相続税の取得費加算を利用）
- ③納税がない相続人は売却地を取得しない
- ④農地の納税猶予を受ける
- ⑤生産緑地の納税猶予を受ける
- ⑥配偶者の税額軽減を適用する

目次

- 001 はじめに

劇的な節税を実現した相続ストーリー
006 2億円以上節税できた清水さんの成功ストーリー

- 008 **STEP 1** 財産の確認　相続財産と相続人、遺言の有無なども確認する
- 009 **STEP 2** 相続相談　相続の専門家に相談し、相続の進め方を理解する
- 010 **STEP 3** 専門家の選択　誰に頼むのか？　専門家の選択が重要
- 011 **STEP 4** 財産の調査　不動産調査で変わる！　相続財産の確認
- 012 **STEP 5** 評価と節税案　効果的な節税方法の選択肢を用意する
- 013 **STEP 6** 分割案　遺産分割協議と協議書の作成を行う
- 014 **STEP 7** 納税案　納税と分割ができる資金計画を立て、準備する
- 015 **STEP 8** 申告と納税　期限を厳守し、税務調査を想定した書類を作成する
- 016 **STEP 9** 名義変更　名義変更、財産分割は円滑に進める
- 017 **STEP 10** 生前対策　二次相続に備え、生前の節税策を検討する
- 018 **まとめ**　相続コーディネートの提案とプロセスを整理しよう
- 020 **COLUMN 1** 相続税節税の豆知識
「不動産に強い」「節税意識のある」「相続人の立場になれる」専門家に依頼する

第1章　遺産分割のときにできる節税策

- 022 節税を踏まえた遺産分割を行う
なるべく早く遺産分割の方向性をつける
- 024 配偶者の税額軽減を利用
配偶者だけに認められた特例で大きく節税
- 026 トータルでの節税策を考える
納税後の二次相続まで考え財産を分ける
- 028 土地の分け方で評価が変わる
土地を分筆し、評価を下げて節税効果を得る
- 030 共有物を相続するときに気をつけるべきこと
土地の共有はできるだけ避けることが肝心

- 032 **CASE 1** 納税資金を捻出したい山本さん
  節税額2075万円 土地を分筆して節税、売却代金で納税も完了
- 034 **CASE 2** 先祖代々の土地を維持したい高橋さん
  節税額1778万円 二次相続を考慮して遺産分割した
- 036 **CASE 3** 分けられない工場を相続する佐藤さん
  節税額6037万円 配偶者の税額軽減を活かして納税を減らす
- 038 **CASE 4** 配偶者の税額軽減が使えない松本さん
  節税額3271万円 特例や制度をフルに利用して土地を残した
- 040 **CASE 5** 父の飲食店を引き継いだ田中さん
  節税額1178万円 特例による節税を念頭に置き分割協議を進める
- 042 **COLUMN 2** 相続税節税の豆知識
  調停しても悔いは残る。譲り合う気持ちを引き出し、オープンな相続をめざそう

第2章 評価・申告のときにできる節税策

- 044 土地の調査は節税の第一歩
  現地調査によって節税のポイントを探し出す
- 046 土地の評価と節税策の関係
  複数利用の土地は利用単位ごと、取得者ごとに評価
- 048 セットバック・無道路地の評価方法
  道路が狭い土地や道路がない土地は評価が下がる
- 050 がけ地等の評価方法
  がけ地、隣地との高低差がある土地は評価が下がる
- 052 特殊な土地の評価方法
  特殊な事情がある土地は評価が下がる
- 054 都市計画道路・区画整理中の土地の評価方法
  道路計画がある土地、区画整理中の土地は減額できる
- 056 居住用、事業用地に対する減税の特例
  小規模宅地等の特例を適用すると節税できる
- 058 小規模宅地等の特例の適用条件①
  特定の居住用宅地等に関する特例の条件を知る
- 060 小規模宅地等の特例の適用条件②
  居住形態によって適用の仕方に違いがある
- 062 小規模宅地等の特例の適用条件③
  特定事業用宅地等、貸付事業用宅地等に該当する場合も減額
- 064 小規模宅地等の特例の選択方法
  異なる区分の土地があるときには限度面積を考える
- 066 大きな土地は評価が下げられる評価方法がある
  『広大地の評価』が廃止（平成29年12月末）、『地積規模の大きな宅地の評価』が新設された

- 068 鑑定評価による評価減
  鑑定評価で市場価値に見合った評価額を出す
- 070 不動産の売却で節税する方法
  申告期限までに売却して「時価申告」する
- 072 **CASE 1** 不動産が分けられない中村さん
  節税額6277万円 駐車場を地積規模の大きな宅地として評価を下げた
- 074 **CASE 2** 農業を継ぐ者がいない鈴木さん
  節税額3034万円 農地に地積規模の大きな宅地の評価をして納税額を減らした
- 076 **CASE 3** 母親独自の財産もある伊藤さん
  節税額4775万円 母親は相続せず、土地の評価で税負担を軽減
- 078 **CASE 4** 納税資金が足りない加藤さん
  節税額3087万円 駐車場に地積規模の大きな宅地の評価をし、土地売却で納税
- 080 **CASE 5** 対策済みでも負担感がある佐々木さん
  節税額4382万円 1000㎡以上の土地3カ所を地積規模の大きな宅地の評価
- 082 **CASE 6** 貸地の収益性が悪い森さん
  節税額3199万円 建売用地として貸地を売却し、時価申告をした
- 084 **COLUMN 3** 相続税節税の豆知識
  不動産で節税できる　できれば生前に対策をしておきたい

第3章 納税のときにできる節税策

- 086 納税猶予の制度を活用
  農業を続けるときは納税猶予を受けられる
- 088 取得費加算の特例を利用
  3年以内に土地や建物を売却すると節税できる
- 090 贈与税を回避して納税
  立て替え納税をせず、相続したほうが税金がかからない
- 092 延納を選択して納税
  延納するなら返済原資を確保しておく
- 094 物納を選択して納税
  最後の手段として物納を考える
- 096 納税後にできる更正の請求
  納税してからでも相続税は取り戻せる
- 098 税務調査への対応
  税務調査に備えて相続に強い税理士に依頼しておく
- 100 **CASE 1** 土地を減らしたくない農家の渡辺さん
  節税額1億1903万円 地積規模の大きな宅地の評価と納税猶予を利用して節税
- 102 **CASE 2** 土地を再評価して節税した木村さん
  節税額1億2173万円 地積規模の大きな宅地の評価・特例・納税猶予を組み合わせる

- 104 **CASE 3** 節税ができていなかった山崎さん
  節税額4680万円 土地売却で納税資金と代償金を捻出した
- 106 **CASE 4** 不動産を処分し、申告した小林さん
  節税額3099万円 活用していない不動産を売却、時価申告した
- 108 **CASE 5** 積極的に対策に取り組んだ斉藤さん
  節税額2億4339万円 配偶者の特例を最大に活かし二次対策をする
- 110 **CASE 6** 配偶者の税額軽減で節税した阿部さん
  節税額2752万円 延納して不動産を残し、有効活用で原資を確保
- 112 **CASE 7** 納税した相続税を取り戻した井上さん
  還付額1504万円 土地の評価をし直し、更正の請求をした
- 114 **COLUMN 4** 相続税節税の豆知識
  節税も納税も「不動産」で考える

付録 ココだけは押さえる 相続の基礎知識

- 116 **① 法定相続人**　　　まずは相続人の範囲を把握する
- 117 **② 法定相続分**　　　相続人それぞれの取り分はいくら？
- 118 **③ 承認と放棄**　　　亡くなった人の借金は相続しなくてもOK
- 119 **④ 寄与分**　　　　　貢献した分は相続する額が優遇される
- 120 **⑤ 特別受益**　　　　生前贈与は相続の前渡しにすぎない
- 121 **⑥ 遺留分**　　　　　妻や子、孫などには最低限の相続財産が保証される
- 122 **⑦ 養子**　　　　　　養子縁組をすると相続税は減らせる
- 123 **⑧ 相続税の計算①**　４つの段階で課税額の算出をする
- 124 **⑨ 相続税の計算②**　相続税の総額から各人の相続税額を計算する
- 125 **⑩ 相続税の税額控除**　配偶者の税額軽減が一番大きい

126 おわりに

劇的な節税を実現した相続ストーリー

2億円以上節税できた清水さんの成功ストーリー

たいていの方はいざ相続が始まっても、実際には、どういう順番で何から始めるのがよいのかイメージできていないことでしょう。だからこそ、相続のプロに依頼し、適切な対策を取ることで確実な節税を実現することができるのです。

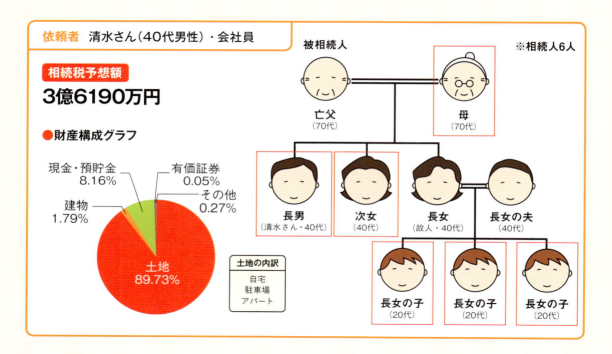

相続の専門家にたどり着くまで

　清水さんが相談に来られたのは、5月下旬。父親が亡くなってから5カ月目のことです。
　もともと清水さんは、親戚から紹介された税理士に相続の手続きをお願いするつもりでした。しかし、その税理士は疑問点について質問をしても回答がなく、信頼できそうになかったので依頼をキャンセルしたといいます。

　次にインターネットの税理士紹介サイトで「相続に強い」という公認会計士を探して依頼しました。ところが3カ月半もの間、なんら進展がなく、不安を募らせるばかりでした。「この状況をなんとかしなくてはいけない」と考えた清水さんは、書店で相続関連の書籍を探し、自ら相続の基礎知識の習得を試みたそうです。相続と節税について理解を深めるうちに、相続コーディネーターの存在を知り、さっそく相談することにしました。

相続対策前の状況

	項目	評価額（万円）	構成比（%）
資産	土地	105,453	89.73
	建物	2,107	1.79
	現金・預貯金	9,585	8.16
	有価証券	59	0.05
	その他	316	0.27
	（Ⅰ）資産合計	117,520	100.00
負債	葬式費用	375	
	借入金	3,464	
	未払金	1,181	
	（Ⅱ）負債合計	5,020	
	（Ⅰ）－（Ⅱ）純資産価額	112,500	

対策前の評価額　11億2500万円

相続税予想額　　3億6190万円
現金・預貯金　　　9585万円

節税できなければ納税資金が不足する！

　姉と2人で相続相談に来られた清水さんによれば、清水家は地元でも有名な代々の地主さんで、財産の大部分が土地です。これまでも相続のたびに土地を少しずつ切り売りしてきましたが、長男としては先祖代々受け継いできた土地をできるだけ残したい、という切実な思いがあります。

　状況が進展しないまま時間だけが過ぎてしまいましたが、なんとか節税できないかというご相談でした。

　相談に来られたのは申告期限まで4カ月あまりという時期で、切羽詰まった感じでしたが、節税の成果は出せると判断しましたのでその場でコーディネートの委託をいただき、節税に向けての動きがスタートしました。

　次ページ以降では、清水さんが節税を実現するに至るまでを10のステップに分け、それぞれのステップで何を行ったか、相続コーディネーターや税理士などの専門家がどのような実務を行ったかを紹介していきます。

STEP 1 財産の確認

相続財産と相続人、遺言の有無なども確認する

タイムスケジュール　1カ月目

12月
- 父親が亡くなり、相続開始。
- 役所に死亡届を提出、年金の手続きをする。
- 金融機関には相続の連絡をし、口座を凍結。

1月
- 役所で戸籍関係の書類を入手（出生地からは郵便で取り寄せ）。
- ※父親の戸籍等は「出生から亡くなるときまで」途切れなくそろえる。
- 金融機関で残高証明書を取得。貸金庫を確認するが遺言はなし。

Key Point！ 死亡届と預貯金の凍結
- 死亡届は死亡者の本籍地、死亡地または届出人の所在地の市区町村役場に届け出る。死亡届は届出人の自署、押印が必要になる。
- 金融機関に死亡の事実を知らせる、もしくは新聞の訃報欄に情報をのせると被相続人の預貯金は凍結される。

やるべきこと

☐ **相続財産・債務の確認に必要な書類をそろえる**

【不動産】固定資産税の評価証明書や名寄せ帳、固定資産税納付書の明細でも可
【預貯金】残高証明書、預金通帳の写し
【債　務】住宅ローンなどの借入金、医療費などの未払い債務、未納の税金、葬式費用など

☐ **相続人を確認する**

戸籍謄本等を取得し、相続人の確認をする。他に実子はいないか、養子、認知はないかも確認

☐ **遺言の有無の確認**

貸金庫、自宅の金庫などに公正証書遺言、自筆証書遺言があるか確認

相続開始直後に気をつけたいこと

相続開始後、清水さんは通夜、葬儀を滞りなく済ませ、各種の手続きをスタートさせました。

通夜、告別式に要した費用や火葬場への支払いなどは相続財産から差し引くことができ、領収証のないお布施や戒名代も含まれます。

なお、父親の医療費のうち、亡くなる前に支払ったものは準確定申告をするときに控除ができ、相続後に支払ったものは相続税の申告で未払い金として控除できます。

相続を進めるにあたり、清水さんは親戚から紹介された税理士に安易に依頼したといいます。しかし、このことが清水さんの相続がつまずく大きな原因となってしまいました。

専門家に依頼する場合は、事前にホームページなどから情報収集を丁寧に行い、相続実務の実績を確認したほうがよいでしょう。

STEP 2 相続相談

相続の専門家に相談し、相続の進め方を理解する

タイムスケジュール　2〜5カ月目

- 1月：●紹介された税理士に依頼するが、信頼できずにキャンセル。
- 4月：●税理士紹介サイトで、相続に強いという会計士を見つけて依頼。
- 3月
- 4月：**準確定申告**
- 5月：
- ●会計士に依頼してから進展がなく、不安がピークに。
- ●相続に関連する本を数冊購入して、相続の基礎知識を習得。
- ●相続コーディネーターに相談をしようと予約。
- ●相続相談に。不動産の納税通知などの資料は事前に送付。
- ●カウンセリングを受け、節税や納税のアドバイスを受ける。
- ●財産評価と納税額の概算を算出してもらう。
- ●必要書類を預けて費用の見積もり依頼。

専門家の実務

[相続コーディネーター]
- ●相続相談（約1時間）で現状を把握し、課題を整理する。
- ●相続開始日と相続人を確認し、手続きの進め方の概略を説明する。
- ●相続財産の概算評価をし、申告の要否を判断する。
- ●納税資金や分割金について、遺産分割の希望などをヒアリングする。

[税理士、不動産鑑定士]
- ●土地の面積、路線価、周辺の状況から、地積規模の大きな宅地の評価の適用の可能性の可否を判断する。
- ●相続税の申告などにかかる費用の見積書を作成する。

[司法書士]
- ●相続人を確認する戸籍の収集や確認を行う。
- ●遺言などの参考書類で不動産の名義変更をどのようにするか確認する。

相続相談を受けるときのポイント

　相続開始を知った日から4カ月以内に、被相続人の1月1日からの所得について申告と納税を行います。これを準確定申告といいます。所得税は相続人が負担することになりますが、清水家では遺産分割が決まっていないため、相続人全員が法定割合で申告します。

　その後、清水さんは先にも述べたように、依頼した税理士と会計士の対応に不信感を抱き、相続コーディネーターの相続相談に出向きました。相続相談では、事前に財産の内容を通知しておけば、財産額、申告の要不要などがわかるため、相談の効率が上がります。

　こうした相談の場では、相続コーディネーターが信頼できるか、ノウハウを持っているかなどを確認していきます。なお、費用については、最初に見積もりを提示してもらい、確認してから依頼するとよいでしょう。

STEP 3 専門家の選択

誰に頼むのか？
専門家の選択が重要

タイムスケジュール　2〜5カ月目

5月
- 財産評価の概算や節税案の提示があり、内容を確認。
- 提案は具体的で信頼でき、任せられると判断した。
- 相続コーディネーター、税理士、不動産鑑定士、司法書士の見積額を確認。
- 他の相続人とも相談し、「相続税の節税」「二次相続の対策」について、任せたいと同意を得たが、依頼している会計士への気兼ねがあり、まずはセカンドオピニオンとして委託。
- その後、会計士から辞退の申し出があり、相続コーディネーターをメインとして依頼した。

専門家の実務

[相続コーディネーター]
- 預かった資料に基づいた「相続コーディネートの見積もり」を作成する。
- 税理士、不動産鑑定士の見積もりもコーディネーターが確認して、提示する。
- 相続コーディネートの委任状に署名をもらい、業務をスタートする。
- 相続コーディネーターが専門家をまとめる。
- 相続税の節税が可能か、専門家で検討、提案する。
- 二次相続も考えた提案をする。

[税理士、不動産鑑定士]
- 相続税の申告の費用については、税理士が作成する。
- 不動産鑑定評価の費用については、不動産鑑定士が作成する。

[司法書士]
- 不動産の登記費用の見積もりを作成する。

節税を大きく左右する税理士やコーディネーター選び

　相続が発生したときに、長年申告を依頼し、付き合いの深い顧問税理士に手続きを依頼するようなケースは少なくないでしょう。しかし、顧問税理士が相続や節税に精通しているとは限りません。

　相続は、相続実務や節税のノウハウを持つ専門家に任せることで不安が解消されます。

　顧問税理士との関係上、専門家への依頼が難しいといった場合でも、顧問税理士への依頼をしたまま、専門家からセカンドオピニオンとしてアドバイスを受けることは可能です。

　清水さんも、当初はセカンドオピニオンとして相続コーディネーターに依頼しました。

　また、確定申告は顧問税理士が行い、相続だけ専門家に手続きを依頼することもできます。どうすればベストな相続ができるかを考えて判断することが大切です。

STEP 4 財産の調査

不動産調査で変わる！
相続財産の確認

タイムスケジュール　6カ月目

6月
- 相続人と相続チーム（相続コーディネーター、税理士、不動産鑑定士）の第1回打ち合わせ。
  - ◎相続人
  - 清水さん、姉、母親（代襲相続人は都合で欠席）
  - ◎相続チーム
  - 相続コーディネーター3人、税理士3人、不動産鑑定士1人。
- 業務委託契約の締結。
- 不動産の現地調査の資料と今後のスケジュールの説明。
- 財産の確認に必要な書類の収集。
- 母親名義や子ども名義の預金があることが気になっており、精査することに。

専門家の実務

[相続コーディネーター]
- 現地調査前に、当日の資料と申告・納税までのスケジュールを作成する。
- 相続コーディネートの業務委託契約をする。

[税理士、不動産鑑定士]
- 税理士、不動産鑑定士の業務委託契約をし、業務をスタートする。

[全員]
- 不動産の現地調査では、全不動産について、利用状況、道路との関係、地形、現地と公図の差異、特殊事情の有無を確認し、評価の仕方などを現地で打ち合わせする。
- 役所、関係各所の調査を行う。

[土地家屋調査士]
- 土地の測量や利用区分図などが必要な場合は実務を担当する。

節税のために現地調査は必須

　相続開始後6カ月目に、相続人と相続チームが一堂に会して初めての打ち合わせを行いました。代襲相続人にも資料を用意、清水さんから状況を伝えてもらい、情報共有をしていくようにします。

　相続では財産の「評価を下げる」ことが、課税額を減らすことにつながります。特に土地の評価によって相続税額は大きく変わるため、綿密な現地調査が必要となります。現地調査では、清水さん、姉、母親も同行してもらい、清水家の土地について評価減になる要素を確認しました。

　清水さんが気になる家族名義の預金もありました。税務調査が行われたときに調査対象となり、申告漏れの財産として指摘される可能性があります。そこで、精査後に実態に応じて相続財産として加算するようにします。

011

STEP 5 評価と節税案

効果的な節税方法の選択肢を用意する

タイムスケジュール　7カ月目

7月
- 相続チームとのミーティングに備え、事前に資料を送ってもらい、確認をする。相続チームとミーティングの実施。内容は①財産一覧と評価の仕方の説明、②分割案の提示、③名義預金、④納税猶予について、など。
- 分割の仕方により、納税額が変わることが確認できた。
- 母親が高齢のため、今回、特例で節税すると、二次相続では相続税が多くなるので対策が必要だとあらためて認識した。

専門家の実務

[相続コーディネーター]
- 税理士、不動産鑑定士に評価をまとめて報告してもらう。
- 分割案を作成する。

[税理士]
- 納税額の違いをシミュレーションする。

[不動産鑑定士]
- 不動産鑑定評価書の作成と内容を説明する。

[司法書士]
- 被相続人の戸籍謄本を確認、相続人を確定する。

Key Point！　二次相続を見据えて遺産分割を行う

- 配偶者の税額軽減は使えない
- 基礎控除額が1人分少なくなる

→ 二次相続は相続税の負担が大きくなる

❶ 配偶者固有の財産が多い場合は、配偶者は一次相続ではあまり相続しないようにすることも選択肢の1つ。
❷ 貸家などの収益物件は、配偶者が取得しないことも検討。
❸ 資産価値が上昇しそうな財産は配偶者が取得しないようにすることで財産増加を防ぐ。

どの分割案を選択するかを検討する

　現地調査後に評価が算出できたとの連絡を受け、清水さんは相続チームとのミーティングを行いました。
　このミーティングでは、財産の内容と評価について確認するほか、分割案についても検討します。この遺産分割案の比較シミュレーションは相続コーディネーターが案を作り、税理士が検証資料を作成します。
　分割の仕方によって納税額は異なります。大きな方向性としては、「今回の納税額をできるだけ減らして節税する」か「今回の納税額は増えても二次相続に備えて分割する」かの、2つが考えられ、比較検討します。
　どちらの分割案を選択するかは、清水家の事情に基づいて話し合って決定しますが、家族のコミュニケーションは良好ですので、円満に進められました。

STEP 6 分割案
遺産分割協議と協議書の作成を行う

タイムスケジュール　8カ月目

8月
- 遺言書はなかったので、相続人全員で遺産分割協議の話し合いが必要。
- 相続コーディネーターからの分割案のアドバイスを基に、節税でき、二次相続でも不安がない分割案を選択。
- 自宅は母親が相続。その他の土地は同居する長男の清水さんが相続し、姉と代襲相続人には現金を渡すことで、全員の合意が得られた。
- 相続人全員に同じ情報が伝わっており、うまく協力態勢が取れた。

Key Point！ 遺産分割協議書の作り方
1. 財産の内容と相続人を特定する。
2. 相続人全員が名を連ねる。
3. 印鑑証明を受けた実印を押す。
※相続人に未成年者がいる場合は、法定代理人または特別代理人が協議を行う。

専門家の実務

[相続コーディネーター]
- 現状に合わせながらも相続人全員に公平な分割案をいくつか作成する。
- 税理士に納税猶予額を算出してもらい、分割案に反映させる。
- 清水さんが相続する土地を売却し、他の相続人には現金を渡す案を提案する。
- 売却の委託をもらい、売却活動を開始する。

[税理士]
- 分割案による納税額を算出する。
- 分割等の違いによる各自の納税額を算出する。

[司法書士]
- 遺産分割協議書の内容を確認する。
- 相続人ごとの登記費用の見積もりを出す。

[土地家屋調査士]
- 売却地の測量を行い、境界確認、地積確定を行う。

遺産分割協議はできるだけ早くまとめる

　相続開始後8カ月目を迎え、清水さんたちは遺産分割を決めるようにしました。遺産の分割には決められた期限はありませんが、相続税の申告・納税期限である10カ月以内に分割が決まれば、各種の税額軽減の特例などが受けられます。遺産分割協議を早くまとめることで余分な税金がかからずに済むので、期限は厳守します。

　このとき、安易に土地を共有すると将来のトラブルに発展する可能性もあるため、共有名義は避けて土地を分割（分筆）することがポイントです。なお、土地を分筆する場合は、分筆後に地形が変わる場合は評価が下がり、節税につながることもあります。

　また、相続の税額控除のうち最も節税効果が高いのが配偶者の税額軽減です。この特例を最大限に利用しての分割案を考えます。

STEP 7 納税案

納税と分割ができる資金計画を立て、準備する

タイムスケジュール　8～10カ月目

8月
- 納税案、分割金の捻出案については、相続人全員で話し合い、相続コーディネーターの提案のとおりで決定。
- 納税額に合わせて、利用度の低い土地を売却することを決断。売却の委託をした。

9月
- 予定どおりに売却が進み、売買契約をした。

10月
- 土地の残金決済を行い、残金を受け取った。

専門家の実務

[相続コーディネーター]
- 土地に優先順位をつけ、残す土地、売却する土地の目安を提案する。
- 土地売却の価格査定書を提示し、売却予定額と手取り額を算出する。
- 売却地だけの遺産分割協議書を他に優先して作る必要になる場合は判断する。
- 申告期限に合わせて土地の契約、決済の段取りをし、納税に間に合わせる。

[税理士]
- 売却による譲渡税などを算出する。

Key Point! 土地の一部を売却するときは優先順位をつける

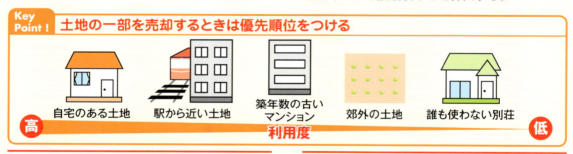

高　自宅のある土地　駅から近い土地　築年数の古いマンション　郊外の土地　誰も使わない別荘　低
利用度

土地に優先順位をつけた上で売却する

　納税にあたっては資金計画が非常に重要です。清水さんの場合は、分割金も考えると預金だけでは足りず、土地の一部を売却して納税資金を捻出しなければなりません。
　複数の土地がある場合は、利用度に応じて優先順位をつけ、どの土地を売却するかを検討し、選択します。
　どうしても土地を手放したくない場合は、売却せずに延納することも可能ですが、返済原資と担保が必要となります。
　なお、売却する土地は代表者である清水さんが相続し、契約の実務も担当したほうが煩わしさがないため、そうした提案をします。
　また売却した土地の代金を相続財産の分割金とするためには、遺産分割協議書に代償金とする内容を記載するようにします。

STEP 8　申告と納税

期限を厳守し、税務調査を想定した書類を作成する

タイムスケジュール　9カ月目

9月
- 遺産分割協議書の内容を確認し、合意の上、全員が実印を押印して完成。
- 相続税の申告書の内容について、税理士の説明を受ける。
- 全員で申告書に押印し、申告の提出を税理士に委託した（税理士が申告書を税務署に提出するため、相続人が出向く必要はない）。
- 相続人全員が各自の相続税の納税を済ませる（配偶者は納税不要）。

専門家の実務

[相続コーディネーター]
- 遺産分割協議書どおりの内容になっているか、財産の記載漏れがないかなど、相続税の申告書を確認する。
- 相続税申告書の押印日の段取りをする。

[税理士]
- 相続税の申告書を作成する。
- 押印が終われば、申告書の提出も税理士の業務。

[司法書士]
- 遺産分割協議書の押印などの漏れがないか確認する。

Key Point !　税務調査の対象となる項目例

※清水さんも名義預金の大半は相続財産として申告。ただし名義人のものと特定できる場合は除外した。

※通帳名義は家族、印鑑・通帳は亡父が保管

- 自宅の金庫や引き出しなどに財産がないか
- 貸金庫の中に財産がないか（現金・株券・金など）
- たんす預金などの現金はないか（直前に引き出されたものなど）
- 被相続人からの現金の贈与や貸借がないか

など

日時を設定して相続人全員で押印

　相続税の申告書作成は税理士の業務ですが、相続コーディネーターの立場からも、遺産分割協議書どおりの内容になっているか、財産の漏れがないかなどを確認します。

　相続税の申告期限を厳守するため、税理士が申告書の内容や相続税額についての説明をした上で、スムーズに相続人全員の押印を終えておくことも大切です。なお、申告書の押印日は相続コーディネーターが調整します。

　実際の申告は税理士が行うため、相続人本人が直接税務署に出向く必要はありません。

　仮に申告期限までに遺産分割協議が終わっていない場合は、未分割のまま、法定割合で相続税の申告をし、納税することになります。この場合、減税の特例などは使えなくなりますが、分割がまとまったときに更正の請求をすれば、納付した相続税は還付されます。

015

STEP 9 名義変更

名義変更、財産分割は円滑に進める

タイムスケジュール　9〜10カ月目

9月
- 登記委任状に署名・押印し、司法書士に不動産の名義変更を依頼した。
- 金融機関で預貯金の名義変更をする。（父親から相続人に）

10月
- 登記が完了した連絡があった。
- 相続人に代償金を支払う。（代償金の支払い後、各自納税した）

専門家の実務

[相続コーディネーター]
- 登記に必要な書類一式を確認し、司法書士に渡す。

[税理士]
- 相続税申告書の受理印のある控えを相続人に渡す。

[司法書士]
- 法務局に登記申請をする。
- 法務局が数カ所の場合は、順番に登記をしていく。

Key Point！ 財産の名義変更に関する主な手続き

手続きの種類	手続き窓口
不動産	不動産の所在地を管轄する法務局
株式	証券会社または株式の発行法人
預貯金	各金融機関
自動車	陸運支局（軽自動車は各軽自動車検査協会）

手続きの種類	手続き窓口
電話	NTTなど
生命保険契約	保険会社
ゴルフ会員権	運営会社
借地借家契約	地主・家主

金融機関は相続人、不動産は司法書士が手続き

　清水さんは、金融機関の名義変更や不動産の名義変更（相続登記）も行わなくてはなりません。納税に間に合うよう事前に行います。

　金融機関の名義変更は相続人が行うことが原則です。このとき遺産分割協議書、相続人全員の実印押印、また金融機関ごとに印鑑証明書（3カ月以内）が必要になるので準備しておきます。

　相続登記の際には、登録免許税の納付が必要となります。

　不動産の名義変更に使う戸籍関係書類や印鑑証明は、相続後に取得したものはずっと使えます。特別な事情がなければ、相続税の申告を終えてから、まとめて相続登記をするとよいでしょう。なお、近いうちに解体するような建物は登記をせず、亡くなった人の名義のまま、解体し、滅失登記もできます。

STEP 10 生前対策

二次相続に備え、生前の節税策を検討する

タイムスケジュール　10カ月目

10月
- 申告、納税、分割など、相続手続きは終わったが、二次相続に向けて生前対策の提案を再確認する。
- 不動産管理の法人設立に関心があるので、提案をしてもらう。

Key Point！ 生前の主な対策リスト

- ☐ 遺言書の作成
- ☐ 納税資金の準備
- ☐ 資産組替
- ☐ 生前贈与
- ☐ 不動産の購入
- ☐ 不動産の有効活用
- ☐ 不動産管理会社の設立

など

専門家の実務

[相続コーディネーター]
- 母親独自の財産を確認し、相続診断をして対策を提案する。
  - ①財産の確認、評価、整理をする。
  - ②課題の整理、解決をする。
  - ③相続対策の提案を検討し、実行する。
- 母親の生前対策の実行をサポートする。
  - ・土地活用、資産組替、公正証書遺言作成など。
- 法人設立の判断材料の作成を税理士に依頼する。
- 具体的な節税対策の実行をサポートする（資産組替、土地活用など）。

[税理士]
- 法人設立のシミュレーションを作成する。

[司法書士]
- 法人設立登記をする。

来るべき相続に備えて対策を講じる

　今回、清水さんは円滑に遺産分割を行い、大幅な節税が実現でき、満足のいく相続となりました。しかし、相続はここで終わりではありません。来るべき母親の相続を見据え、生前対策を行っておく必要があります。
　相続コーディネーターを中心に、専門家がチームをつくり、継続して今後の課題を整理し、相続対策を実行していくことができるとわかって清水さんはほっとしました。また、将来的に相続人同士でのもめ事を避けるため、相続人全員でコミュニケーションをとりながら遺産分割を決め、節税対策にも着手し、全員の合意を得て母親に遺言書を作成してもらえば、円滑円満な相続を迎えられるでしょう。

まとめ

相続コーディネートの提案とプロセスを整理しよう

相続成功のステップ

STEP 1	財産の確認	**相続財産と相続人、遺言の有無なども確認する** （財産と相続人、遺言の確認）
STEP 2	相続相談	**相続の専門家に相談し、相続の進め方を理解する** （相続相談で進め方をイメージする・費用の見積もり）
STEP 3	専門家の選択	**誰に頼むのか？　専門家の選択が重要** （効果を確認して契約）
STEP 4	財産の調査	**不動産調査で変わる！　相続財産の確認** （不動産の現地調査、相続財産の確認、評価、税額の算出）
STEP 5	評価と節税案	**効果的な節税方法の選択肢を用意する** （評価額の確認、節税案の提案と検討）
STEP 6	分割案	**遺産分割協議と協議書の作成を行う** （遺産分割協議と協議書の作成）
STEP 7	納税案	**納税と分割ができる資金計画を立て、準備する** （納税案の検討、納税資金の準備）
STEP 8	申告と納税	**期限を厳守し、税務調査を想定した書類を作成する** （相続税の申告書作成、申告、相続税の納税）
STEP 9	名義変更	**名義変更、財産分割は円滑に進める** （不動産登記、預金の解約など）
STEP 10	生前対策	**二次相続に備え、生前の節税策を検討する** （今後の生前対策の検討・取り組み開始）

①遺産分割のポイント

　清水さんの相続にあたっては、配偶者は二次相続対策ができる土地を優先的に相続することと配偶者の税額軽減の特例を最大限に受けられるよう、財産の半分は母親、残り半分は跡継ぎである清水さんが大部分を相続する代わりに、次女と亡き長女の代襲相続人に代償金を支払うことにしました。

②評価・申告のポイント

　父親の所有地は、自宅が2000㎡、駐車場の土地も500㎡以上あるため、地積規模の大きな宅地の評価を適用することで節税するようにしました。
　駐車場A、駐車場B、駐車場Cは地積規模の大きな宅地の評価による評価減をしました。
　現地調査で土地の奥行きと周辺の一戸建て分譲住宅の規模を確認、地積規模の大きな宅

劇的な節税が実現！

対策前の課税価額　11億2500万円
相続税予想額　3億6190万円

評価　小規模宅地等の特例　3720万円の評価減 ⇒1612万円の節税

評価
駐車場Aに規模格差補正率評価　2736万円の評価減 ⇒1186万円の節税 [売却し納税・分割金に]
駐車場Bに規模格差補正率評価　2812万円の評価減 ⇒1219万円の節税
駐車場Cに規模格差補正率評価　6916万円の評価減 ⇒2685万円の節税
取得者を分けて規模格差補正率評価を可能にした

評価　高圧線下の評価　1860万円の評価減 ⇒775万円の節税 [売却し納税・分割金に]

評価　墓地隣接による評価　1100万円の評価減 ⇒459万円の節税

対策後の課税価額　9億4076万円
相続税　2億8248万円
配偶者の税額軽減（50%）⇒1億4124万円
納税　1億4124万円

節税額 2億2066万円

地の評価の可否を判断します。特に駐車場Cは、用途地域の境で取得者を分けてマンション適地を除くことで地積規模の大きな宅地の評価を採用できるようにしました。

③納税と資金計画のポイント

納税は、土地を売却して捻出しなければならず、現地調査のあとすぐに、高圧線下の土地と駅から一番離れた駐車場と条件の悪い2カ所と決めました。

その後、申告の準備と同時並行で売却活動を開始し、申告期限までに売却代金で納税ができました。2カ所とも相続評価額以上の価額で売却できています。

また、父親が残した預貯金は、最大限に節税してようやく納税できる程度の額で、姉と代襲相続人への分割金を足りませんでした。土地2カ所を売却することで現金を捻出し、予定した現金を代償金として渡すことができ、円満な財産分割となりました。

COLUMN 1
相続税節税の豆知識

「不動産に強い」「節税意識のある」「相続人の立場になれる」専門家に依頼する

相続では「不動産」が課題になる

個々に事情が違いますが、相続では「不動産」が課題になります。不動産があるから評価が高く、相続税がかかり、納税が難しい。不動産は個々に違い、評価が難しい。不動産があると分けにくく、もめてしまう、など。要は、相続では不動産の知識がないと節税もできずにトラブルのもとを作ることになるのです。

逆を考えれば「不動産」を活かすことで、節税でき、相続を乗り切ることができ、財産を継承させる価値も生むことができるのです。そのためには、「不動産に強い」「節税意識のある」「相続人の立場になれる」専門家を選んで一緒に取り組まなければなりません。

専門家選びが大事

相続は、先代からの知恵や財などの価値をさらに高め、税金の負担も抑えながら、次世代を生きる家族に繋いでいくこと。円滑で円満な相続を通じて、家族が感謝や敬愛の気持ちを再確認できれば、絆はさらに深まり、夢をもって未来へ歩き出すきっかけにもなります。

しかし、そうした相続のありかたは、ストーリーを提案してくれる専門家を見つけ出し、依頼するところから始まります。専門家はいくつもの相続の可能性を提案し、それを相続人の方々が自ら選び、決断する。相続人と専門家が一緒に相続を創りだしていくことで円満で負担のない相続が実現します。

POINT
依頼する専門家は、「不動産の実務知識や実績」と「節税意識」があることを判断基準とする。実績や相談のしやすさも必須。

第1章

遺産分割のときにできる節税策

●節税を踏まえた遺産分割を行う

なるべく早く遺産分割の方向性をつける

ココに注意！

1. 相続税の申告までに「誰がどのくらい相続するか」を話し合って決めておく。
2. 「相続財産目録」をもとに協議を行い、結論が出たら「遺産分割協議書」を作成する。
3. 遺産分割の方法は5つの中から、それぞれのメリット・デメリットを踏まえて選択する。

相続税申告までに「遺産分割」を行う

相続人が複数いるときは、相続人の間で「誰がどの財産をどれくらいの割合で相続するか」を話し合い、遺産の分け方を決める必要があります。この遺産の分配を「遺産分割」、その割合を「相続分」といいます。

遺産分割では、まず相続人と相続財産の内容を確定させ、「相続財産目録」を作成し、その上で遺産分割協議を行います。遺産の分割には決められた期限はありませんが、相続税の申告までに遺産分割が決まらないと配偶者の税額軽減の特例（P.24参照）などが受けられなくなるため、その頃を目安として分割しておくとよいでしょう。

遺産分割協議の結論をもとに、遺産分割協議書を作成します。遺産分割協議書を作成するにあたっては、以下の点に注意しておきたいところです。

①特に定められた書式はないが、A4判用紙にパソコン等で作成するのが一般的。

②遺産分割については、できるだけ具体的（所在地や広さ、金額等）に記載する。

③相続人全員が署名し、印鑑証明を添付の上、実印を押印する。

④相続人の人数分作成し、各自で保管する。

なお相続人に未成年者がいる場合は、その未成年者の法定代理人もしくは家庭裁判所で選任された特別代理人が協議に加わります。

遺産分割は5つの方法の中から話し合いで決定する

被相続人が遺言書を残している場合は、遺言書に記載された事項を優先して遺産分割を行いますが、遺言書がない場合は、相続人全員が納得すれば、どのように遺産分割を行っても自由です。必ずしも、法定相続分どおりに分ける必要はありません。

遺産を分割する方法には、次の5つがあります。

①現物分割……現物のまま、財産を一つひと

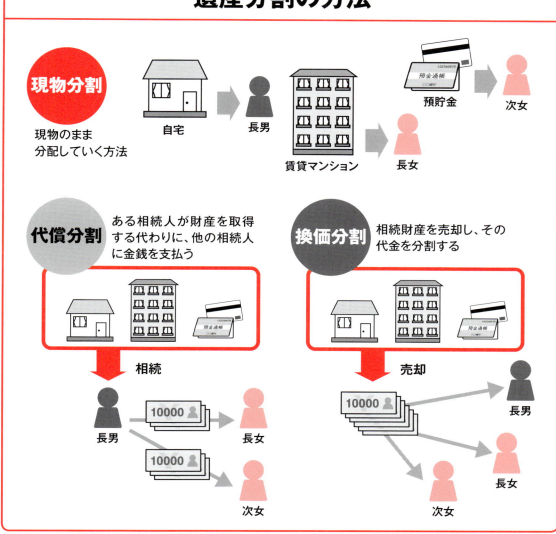

つ分配していく方法。最も一般的でわかりやすい半面、公平に分けるのが難しい。
②代償分割……ある相続人が財産を取得する代わりに、他の相続人たちに金銭（代償金）を支払う方法。代償するだけの資金力が必要。
③代物分割……ある相続人が財産を取得する代わりに、金銭以外の物を渡す。
④換価分割……相続財産をすべて売却し、その代金を分割する。公平な分配が可能となるが、売却に手間がかかる、所得税等が課税されるというデメリットもある。
⑤共有分割……相続人全員で共有する方法。公平な分配といえるが、資産の自由度が低下し、二次相続時のトラブルのもととなりかねない。

いずれか1つの方法を選択することも、複数の方法を組み合わせることも可能です。

KEYWORD
法定相続分（ほうていそうぞくぶん）
民法の規定によって相続人となる人（法定相続人）に分配される財産のこと。法定相続人には「配偶者相続人」と、子や父母、兄弟姉妹などの「血族相続人」がある。

● 配偶者の税額軽減を利用

配偶者だけに認められた特例で大きく節税

ココに注意！

1. 配偶者の税額軽減は最も節税効果が高い税額控除。
2. 課税価額が法定相続分以下、あるいは取得額が1億6000万円以下のときは、相続税がかからない。
3. 控除は自動的に適用されることはないので、税務署への申告が必要となる。

配偶者の納税額を大幅に削減する特例

相続税には全部で6種類の税額控除がありますが、最も節税効果が高いものに配偶者控除（配偶者の税額軽減）があります。

これは、配偶者の財産取得割合を増やすことによって、納税額を減らすための節税策の1つといえます。

1　控除額の算出
①被相続人の配偶者が取得した財産の課税価額が法定相続分以下の場合、取得額にかかわらず、相続税はかからない。
②配偶者の取得額が法定相続分を超えていても、その額が1億6000万円以下の場合、相続税はかからない。

2　配偶者の税額軽減を受ける要件
①法律上の配偶者であること。
②相続税の申告期限までに、相続人同士で遺産分割が確定していること。

相続人同士で遺産争いがあり、申告期限までに配偶者に財産が分割されていない場合には、軽減の特例は受けられません。

ただし、相続税の申告から3年以内に遺産分割が行われたときは、この軽減の特例が受けられるようになります。

特例の適用には税務署への申告が必要

課税対象額が配偶者控除の範囲内だからといって、自動的に控除が適用されるわけではありません。

配偶者控除を受けるには、相続税の申告書に、配偶者が取得した財産の明細、戸籍謄本・遺言書の写し、あるいは遺産分割協議書の写し、印鑑証明書などの必要書類を添えて税務署に提出します。

申告後に税額軽減の申告を行う場合には、遺産分割が成立した日の翌日から4カ月以内に更正の請求（96ページ参照）を行います。

配偶者に認められる特例（税額軽減）

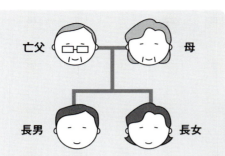

配偶者が50％を相続するか、1億6000万円まで相続するかの選択によって納税額が変わる。

父が亡くなり、母と2人の子が相続

▶納税額の違いの検証

ケース1 財産の合計が5億円で、課税対象額が3億円の場合

Ⓐ 配偶者が50％の1億5000万円相続
- 相続税 配偶者 3700万円 ⇒ 0円
- 　　　 子　　 3700万円

Ⓑ 配偶者が1億6000万円相続
- 相続税 配偶者 3946万円 ⇒ 0円
- 　　　 子　　 3454万円

Ⓑの場合、3946万円の節税
Ⓐよりも **246万円少なくて済む**

ケース2 財産の合計が6億円で、課税対象額が5億円の場合

Ⓐ 配偶者が50％の2億5000万円相続
- 相続税 配偶者 7575万円 ⇒ 0円
- 　　　 子　　 7575万円

Ⓑ 配偶者が1億6000万円相続
- 相続税 配偶者 4848万円 ⇒ 0円
- 　　　 子　　 1億302万円

Ⓐの場合、7575万円の節税
Ⓑよりも **2727万円少なくて済む**

配偶者が相続する財産の相続分の決め方

　配偶者控除は、被相続人の財産形成に寄与してきた配偶者の生活安定を目的として設けられた制度です。その趣旨に従って考えると、配偶者にはできるだけたくさんの財産を残すべきであると考えられます。

　しかし、近い将来には子ども世代への相続がやってくることを考えると、一概に配偶者に残すべきとも言い切れません。選択肢はいくつもあるといえます。二次相続を含めた考え方については事項で詳しく解説します。

KEYWORD

税額控除（ぜいがくこうじょ）
相続税の税額控除には、配偶者控除、未成年者控除、贈与税額控除、障害者控除、相次相続控除、外国税額控除の6種類があり、適用すれば控除を受けることができる。

更正の請求（こうせいのせいきゅう）
申告した税額が過大であった場合などに、訂正することができる制度。相続税申告期限後に更正の請求ができる期間は、申告から5年以内と定められている。

● トータルでの節税策を考える

納税後の二次相続まで考え財産を分ける

ココに注意！

1. 一次相続、二次相続トータルで節税できる対策を検討する。
2. 配偶者の財産増加を回避する分割を考える。
3. 不動産や金融資産は将来的な価値の変動があるので注意する。

相続は立て続けに起こり得る

　配偶者の税額軽減の特例を活用すれば、配偶者の税負担を軽減し、多くの財産を残すことができます。しかし、配偶者が相続した財産については、次にその配偶者が亡くなったときには相続財産として課税対象となります。二次相続では、当然、配偶者の税額軽減の特例は活用できなくなります。また、一次相続のときに比べて法定相続人が1人少なくなりますので、その分基礎控除額が減り、相続税額は大きくなります。

　よって、一次相続、二次相続における財産の分割の仕方とトータルの相続税額を計算し、比較することで、相続税が少なくなる分け方を選択することが大切です。

　特に、配偶者の年齢を考えると近いうちに二次相続の発生を想定しなければならない場合は、配偶者には財産を分けずに、子どもたちで取得する方法もあるでしょう。その際も相続税額を確認してから、遺産分割を決めるのが無難といえます。

配偶者が相続したほうがいい財産とは

　一次相続、二次相続のトータルの相続税額を減らすことを目的とすると、一次相続では配偶者の税額軽減の特例を最大限に利用して納税を最小限に抑え、その上で、配偶者自らが財産の評価を下げるなど節税対策に取り組めば、二次相続でも相続税を減らすことができます。

　たとえば、配偶者が一次相続で取得した預貯金を、生前贈与によって子どもに前渡ししておくというのも、1つの方法です。

　また、不動産や金融資産の価値が将来的に変動する可能性を踏まえ、一次相続では「将来的に値下がりが予想される不動産」を取得する方法も考えられるでしょう。配偶者の税額軽減の範囲内で取得しておき、二次相続が発生したときに値下がりしていれば、課税財

二次相続を考慮した分け方

▶1億6000万円を配偶者と子で分ける場合の納税額の検証

[基礎控除▶一次 4200万円　二次 3600万円　一次の相続税▶2140万円]

ケース1
- 一次：配偶者 → 相続税 2140万円　納税額 **0円**
  1億6000万円全額を相続、子はなし
- 二次：子 → 納税額 **3260万円**
  1億6000万円を相続
- 納税額の合計 **3260万円**

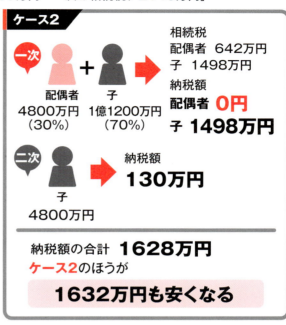

ケース2
- 一次：配偶者＋子 → 相続税 配偶者 642万円　子 1498万円
  配偶者 4800万円（30%）　子 1億1200万円（70%）
  納税額 配偶者 **0円**　子 **1498万円**
- 二次：子 → 納税額 **130万円**
  4800万円
- 納税額の合計 **1628万円**
- ケース2のほうが **1632万円も安くなる**

配偶者の財産増加を回避するポイント

- **POINT 1** 収益を生み出す不動産などは相続しない
- **POINT 2** 資産価値が上がりそうな土地などは相続しない
- **POINT 3** 配偶者自身が多くの財産を所有している場合は相続しない

産が減少していることになり、相続税額も抑えられるというわけです。

この考え方とは逆に、「収益を生み出す不動産などは、配偶者が相続しない」「資産価値が上がりそうな土地などは、配偶者が相続しない」という選択もあり得るでしょう。ただし、配偶者が生活していく上での資金の確保も忘れてはいけません。どういう方法が適切であるかは、配偶者の年齢や体調、相続人の状況、財産の状況などによって選択していくことになります。

KEYWORD
基礎控除額（きそこうじょがく）
基礎控除は、相続税の納税者に無条件で適用される控除を指す。相続税には基礎控除額が大きいという特徴があり、「3000万円＋600万円×法定相続人の人数」（配偶者と子ども2人の場合は4800万円）が基礎控除額となる。

● 土地の分け方で評価が変わる

土地を分筆し、評価を下げて節税効果を得る

ココに注意！

1. 土地の分筆の仕方により節税につながることもある。
2. 角地や三方路地を分筆すれば評価を下げることもできる。
3. 分筆による節税は、所有者が別々であることが条件。

分筆が節税につながる条件

被相続人の所有していた土地を複数の相続人で相続するとき、そのままの形ではなく、土地を分筆して別々の相続人が相続することもあります。

土地の分筆がすべて節税に結びつくとは限りませんが、次のような条件を満たすようであれば節税になります。

①分筆後の所有者が別々であること。
②分筆により、地形や接する道路や路線価が変わること。

分筆では、今までは1つの土地だったものが、分ける位置を決めることで、複数に区切られ地形が変わります。

たとえば、100坪ある土地を2人が分けて相続する場合で考えてみましょう。道路に面している間口が広く、奥行きが短い場合は、間口の半分の位置で分筆することができ、2つの土地の価値は変わりません。市街地の宅地は、その宅地が面している道路につけられた「路線価」に宅地面積を掛けて算出されますが、このケースでは分筆しても計算上の数字は変わらないからです。

しかし、間口が狭く、奥行きが長い土地の場合は、間口の半分で土地を分けてしまうと細長い土地になり、建物が建てにくくなることがあります。その際は、手前の区画と進入路幅を設けた奥の区画（旗竿地）の2つに分けるのが一般的です。こうした場合、奥の区画は地形が不整形となり、土地の評価が下がるため、相続税も下がります。

申告期限までに分筆する必要がある

また、二方の道路に面した角地や、三方の道路に面した三方路地などを分筆することにより、角地の面積が減り、一方の道路のみに面する土地ができると、路線価の違いが生じるため、結果的に相続税が下がります。

このように、評価減につながるのであれば、

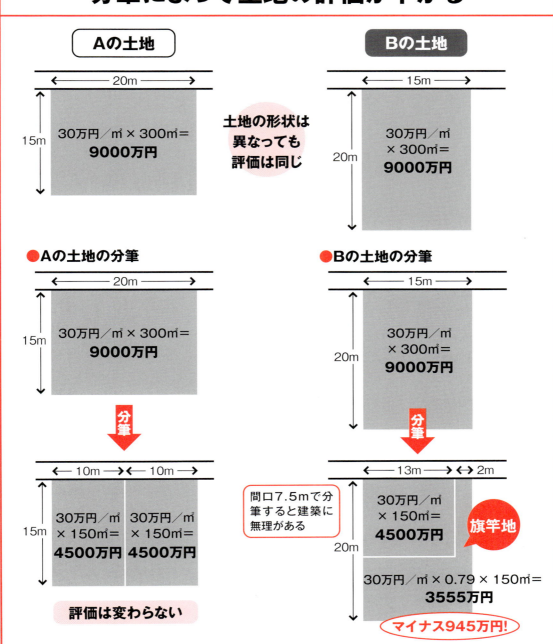

申告期限までに分筆し、それぞれが相続する土地の位置を決めることで節税になります。

いずれにしても、土地の分筆による節税は、別々の所有者が相続することが前提であり、分筆しても1人の相続人が所有する場合には、減額とはなりません。

KEYWORD
分筆（ぶんぴつ）
土地の戸数は「筆」という単位で表す。分筆は、1筆の土地を2筆以上に分割する登記のこと。土地を分けずに複数の所有者がいる場合は共有となる。

● 共有物を相続するときに気をつけるべきこと

土地の共有はできるだけ避けることが肝心

ココに注意！

1 土地を共有した場合、使用を変更したり、処分するにあたっては全員の同意が必要となる。

2 現在は、問題なく土地を共有していても、将来的にはトラブルに発展する可能性もある。

3 共有した土地を分割した場合、譲渡所得税や贈与税が発生する場合もあるので要注意。

土地の共有にはデメリットもある

土地を相続する際には、分割しないで複数の相続人で共有するという方法を取ることもあります。

共有を選択する理由としては「当面の利用方針が決まっていない」「分け方が決まらない」といった場合や「小規模宅地等の減額特例や地積規模の大きな宅地の評価の適用を受けるため」という節税を考慮した場合もあるでしょう。

いずれにせよ、土地を共有すると、土地の使用を変更したり、処分するにあたっては他の共有者の同意を得る必要が生じます。

相続時から時間が経てば、相続人それぞれの経済状況や生活にも変化が生じ、土地に対する考え方が変わることもあるでしょう。

たとえば、相続後、1人の相続人の経済状況が悪化し、土地を売って現金を作ろうと考えても、他の相続人の反対によって思うようにいかなかったら、相続人同士のトラブルに発展する可能性も十分に想定できます。

共有がメリットといえるのは、配偶者と同居する子ども1人が共有するケースなどです。

この場合は、配偶者が亡くなって相続が発生したときには、共有する子が相続することによって、結果的に単独所有にする合意を取り付けておくことが前提です。

こうした居住用の不動産は同居や居住する人が相続することが目安となりますが、それ以外の用途の不動産は分割の仕方が難しいことがあります。だからといって安易に共有することは避けたほうがいいでしょう。

譲渡所得税、贈与税が発生する場合も

共有している場合、共有物を持分に応じて分けることによって、共有者それぞれの単有とする方法があります。これを「共有物の分割」といいます。

共有物の分割をする場合、共有物の持分の比と分割後の時価の比が同じである場合は、

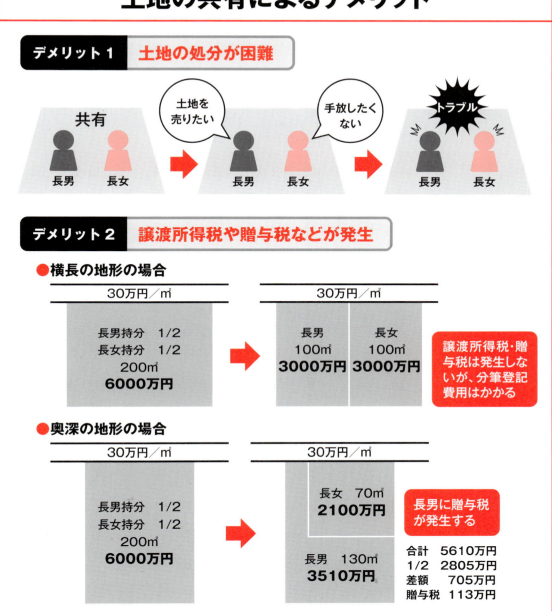

贈与税も譲渡所得税も発生しません。

一方で、分割によって持分の比と時価に価格差が生じる場合は、譲渡所得税や贈与税が課税されてしまうケースがありますので、注意が必要です。ただし、一定の要件を満たす土地の場合は、同じ種類の固定資産と交換したため譲渡がなかったものとされる「交換の特例」により課税されないこともあります。

KEYWORD

土地の共有（とちのきょうゆう）
一つの土地を複数の人が共同で所有している状態を共有という。各々が各持分割合の範囲で所有権を持つことであり、どこの部分を所有するとは決まっていない。

持分（もちぶん）
複数の人が1つの土地を共有しているときの割合を持分といい、たとえば3人が同じ割合で所有する場合の持分は3分の1となる。

CASE 1　納税資金を捻出したい山本さん

節税額 2075万円

土地を分筆して節税、売却代金で納税も完了

依頼者：山本さん（40代男性）・自営業

相続財産	2億2758万円
債務・葬式費用	509万円

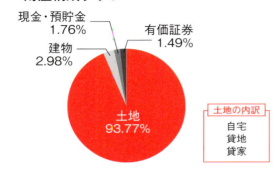

● 財産構成グラフ
- 現金・預貯金 1.76%
- 有価証券 1.49%
- 建物 2.98%
- 土地 93.77%

土地の内訳
自宅
貸地
貸家

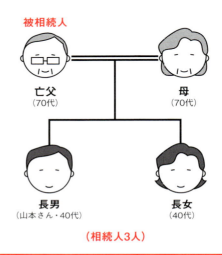

被相続人
亡父（70代） ― 母（70代）
長男（山本さん・40代）　長女（40代）
（相続人3人）

相続人　納税資金をどう作ればいいのか？

山本さんの父親は、農家の長男として生まれ、戦前の家督相続の時代に代々の土地を相続しました。農地はやがて宅地となり、自宅のほかに貸店舗や貸家を造り、賃貸業で生活をしてきました。

制度としての家督相続はなくなりましたが、山本さんの父親には「土地は長男が継ぐもの」という認識が強く、家族にもその意向を伝えていました。山本さんとすれば、父親の気持ちはありがたいものの、妹ともめたくないというのが本音でした。そこで父親に遺言書を作成してもらいたいと考え、家族で相続について話し合いの場を持ちました。そうした経緯のもと、生前に財産の評価をし、家族の合意のもとに父親は公正証書遺言を作成しました。

その数年後、父親は病気を発症して亡くなりました。山本家では何年も前から相続の話し合いをしており、遺言もあるため、遺産分割でもめる心配はありません。ただ、財産の大部分である土地について、節税対策ができていないため、納税資金をどう捻出するかという課題を抱えていました。

相続コーディネーター　土地の一部を分筆して売却する

山本さんの家族は父親の遺言に従って分割

土地を分筆して評価減

対策前の課税価額　2億2249万円
相続税　3262万円

【評価】
- 長男
- 売却して納税資金に
- 長男・長女共有
- 土地の分筆による750万円の評価減 ⇒ 187万円の節税
- 長女取得

【評価】小規模宅地等の特例　2203万円の評価減 ⇒ 551万円の節税

※小規模宅地等の特例は56ページ以降を参照

対策後の課税価額　1億9296万円
相続税　2524万円
配偶者の税額軽減（53％）⇒ 1337万円

納税　1187万円

節税額 2075万円

を進めたため、家族間で相続トラブルが起こることはありませんでした。一番の課題であった納税資金の捻出に関しては、土地を売却するのが妥当ですが、山本さん、妹は別々に土地を相続するため、それぞれが売却することは効率が悪いといえます。

そこで、山本さんが相続する貸家の土地について、一部を分筆し、2人で相続して売却、納税資金を捻出するようにしました。この部分についてのみ遺産分割協議をし、あとは遺言を活かして相続しました。

この土地の分筆により、残る土地は敷地延長の区画となり、評価が下がりました。

●スムーズな売却が実現

また、山本さん一家は、売却の決断も早かったことから、申告期限までに土地の測量、分筆、登記、売却がすべて滞りなく完了しました。父親が残した預貯金等では納税できなかったところ、土地の売買代金で納税することができ、とても安堵されていました。

CASE 2 先祖代々の土地を維持したい高橋さん

二次相続を考慮して遺産分割した

節税額 1778万円

依頼者：高橋さん（40代男性）・会社員

相続財産	2億9660万円
債務・葬式費用	5184万円

● 財産構成グラフ

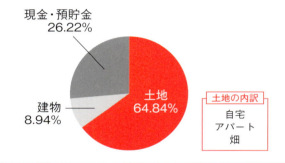

現金・預貯金 26.22%
建物 8.94%
土地 64.84%

土地の内訳
自宅
アパート
畑

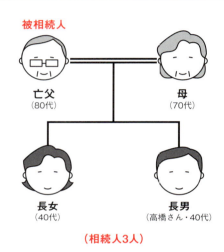

被相続人
亡父（80代）／母（70代）
長女（40代）／長男（高橋さん・40代）
（相続人3人）

相続人　二次相続での納税も考えておきたい

高橋家は代々農家で、父親が祖父から相続した土地を守って農業を継続してきました。その間、宅地化が進み、農地のまわりに住宅が立ち並んできたことや、相続税の節税対策も考えて、父親の代でアパート経営も始めました。

長男の高橋さんは、同じ敷地に家を建てて住んでおり、会社勤めの合間に農業も手伝ってきました。嫁いだ長女も、安心して高橋さんに母親の老後を託せるということです。

家と農業を継ぐ立場の高橋さんとしては、これからも代々の土地を維持していきたいため、なるべく節税したいと考えています。

課題としては、土地を分けずに長女と遺産分割をしたいということと、母親の二次相続での分割や納税も見据えて節税策を考えたいということです。

相続コーディネーター　子どもが相続し、二次相続に備える

高橋家の不動産を現地調査したところ、自宅敷地の一角にあるアパートは、進入道路の奥に位置しているため、不整形地となります。また、農地は道路から2m近く低くなっており、造成費がかかると判断され、評価減となりました。

分割については、農地は自宅と農業を継承

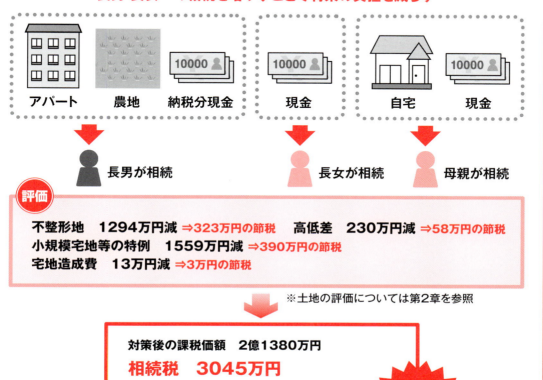

する高橋さんが不動産の大部分を相続するのが無理のない形です。最終的には、アパートも含めた不動産は高橋さんが引き継ぎ、長女は現金の一部を相続することで、家族間の合意が得られました。

●将来の税負担を軽くする

配偶者の税額軽減を利用すると納税は半分にできるのですが、今回と二次相続時の分割の仕方による税負担を検証したところ、将来的に基礎控除が引き下げられた場合の税負担が重くなることが判明しました。

そこで、現在の市況も考慮し、母親は自宅と老後資金として現金を相続し、それ以外の財産は高橋さんと長女で相続することとし、将来の負担を減らしました。なお、高橋さんは納税分の現金を相続して済ませました。

CASE 3 分けられない工場を相続する佐藤さん

| 節税額 6037万円 | **配偶者の税額軽減を活かして納税を減らす** |

依頼者：佐藤さん（50代男性）・会社役員

相続財産	4億5270万円
債務・葬式費用	504万円

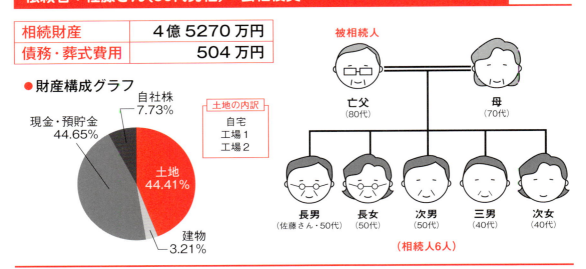

● 財産構成グラフ
- 自社株 7.73%
- 現金・預貯金 44.65%
- 土地 44.41%
- 建物 3.21%

土地の内訳
- 自宅
- 工場1
- 工場2

被相続人：亡父（80代）、母（70代）
長男（佐藤さん・50代）、長女（50代）、次男（50代）、三男（40代）、次女（40代）
（相続人6人）

相続人　不動産を分けることができない

佐藤さんの父親は、2つの会社を経営していて、長男である佐藤さんと次男がそれぞれ会社を引き継いで経営してきました。父親が80歳になったことで、そろそろ本格的な相続対策をしなくてはと思っていたのですが、その矢先に急病で亡くなってしまいました。

父親は納税や分割のために必要だと考えていたようで、多くの現金を残してくれていましたが、自宅以外の不動産は会社で使用しており、売却することができません。

また、自宅は母親と佐藤さんの家族が住んでいるため、きょうだいで分けるわけにはいきません。会社の経営に関わっていない長女、三男、次女には現金を分ける必要があります。母親の老後やこれからのことを考えると、できるだけ節税したいと考えています。

相続コーディネーター　配偶者の税額軽減を最大限に活用する

節税できるポイントは、「小規模宅地等の特例」を適用することと「配偶者の税額軽減の特例」を利用することでした。将来的な二次相続のことも気になりますが、佐藤家のケースでは、まずは今回の納税の負担を減らすことが急務といえました。

父親の遺言がありませんので、特例を利用するには、遺産分割協議が終了している必要

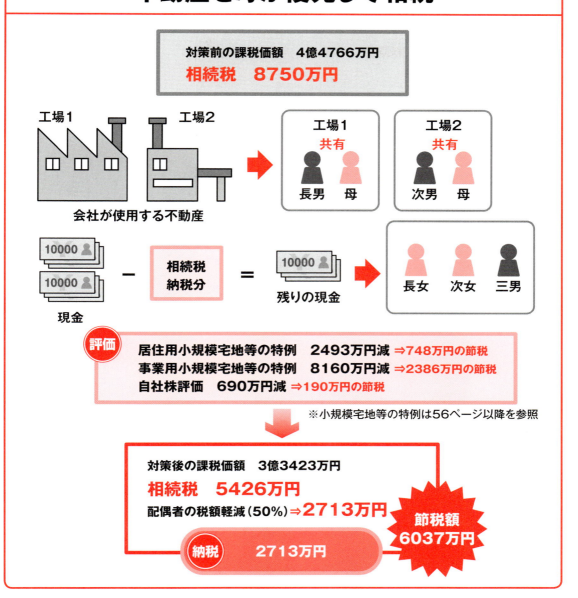

があります。不動産の分け方については、きょうだいの間で暗黙の了解があり、会社を継ぐ佐藤さんと次男は会社が使用する不動産を相続することで、話がまとまりました。

●**母親と長男、次男が会社の不動産を共有**

母親は自宅を相続しますが、それだけでは50％の相続にならないため、会社が利用する不動産について、母と長男の佐藤さんまたは次男との共有として調整しました。工場1は佐藤さんと母親、工場2は次男と母親としました。長女、三男、次女の3人については、相続税分の現金を差し引いた残りの現金を3等分することで合意を得ました。

また、自社株の評価をし直すと、土地の評価の違いで、顧問税理士が出していた評価額よりも減額でき、節税になりました。

CASE 4 配偶者の税額軽減が使えない松本さん

節税額 3271万円

特例や制度をフルに利用して土地を残した

依頼者：松本さん（50代男性）・会社員

相続財産	4億8947万円
債務・葬式費用	758万円

●財産構成グラフ

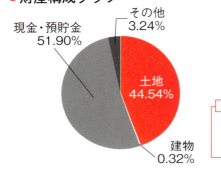

- その他 3.24%
- 現金・預貯金 51.90%
- 土地 44.54%
- 建物 0.32%

土地の内訳
自宅
貸家
畑

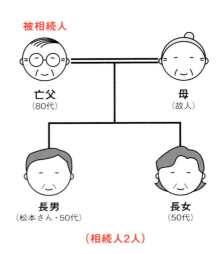

被相続人
亡父（80代） ═ 母（故人）
長男（松本さん・50代）　長女（50代）
（相続人2人）

相続人　父親の財産をできるだけ残したい

松本さんの父親は、祖父から相続した会社を叔父と経営してきました。長男である松本さんは父親の会社に入らなかったため、現在は、叔父の子ども（松本さんのいとこ）が会社を経営しています。

父親はリタイアするときに、弟家族に株も譲渡して会社経営を託しました。父親は長年代表者として経営してきましたので、まとまった退職金も得て円満に承継したようです。

父親が亡くなったとき、相当な預貯金が残されているのを知り、松本さんも妹も驚きました。父親も先に亡くなった母親もずっと質素な生活をして貯蓄をしていたおかげだといえます。

不動産は2つあり、1つは自宅と隣接する生産緑地の畑です。もう1つは会社を経営していた頃に社宅として使っていた家で、築数十年と古いため、現在は親戚に無償貸与しています。これまで節税対策は行っておらず、母親も亡くなっているため配偶者の税額軽減の特例を使うことはできません。現金はあり、相続税は払えるものの、相続の専門家に頼もうと考えました。

相続コーディネーター　地積規模の大きな宅地と不整形地の評価で節税する

自宅と畑は、用途が違うため別々に評価を

038

土地の評価減を適用

対策前の課税価額　4億8189万円
相続税　1億4395万円

【評価】

規模格差補正率評価による減額
2892万円の評価減
⇒1031万円の節税

自宅　　畑

小規模宅地等の特例
2644万円の評価減
⇒1057万円の節税

貸家

不整形地による評価減
2142万円の評価減
⇒857万円の節税

※土地の評価については第2章を参照

※広大地評価ができていたときの節税額
5005万円
増税額
1734万円

対策後の課税価額　4億511万円
相続税　1億1124万円

納税　1億1124万円

節税額　3271万円

第1章　【遺産分割】のときにできる節税策

しますが、それぞれの面積は500㎡を超えていますので、両方とも地積規模の大きな宅地の要件を満たしています。現地調査をすると自宅の周辺は農家住宅が点在する住宅地ですので、規模格差補正率により評価をしました。

●**畑は不整形地として減額**

貸家にしている土地は、私道の一番奥に位置しています。いわゆる旗竿地ですが、道路の幅員は2mに足りない部分があります。そうした不整形地を評価することで減額につながりました。

貸家は築年数が古いため、親戚に無償で貸しており、家賃を受け取っていません。よって自用地評価となり、減額できませんでした。相続後は、第三者へ売却することも選択肢になるとアドバイスしています。

CASE 5 父の飲食店を引き継いだ田中さん

節税額 1178万円

特例による節税を念頭に置き分割協議を進める

依頼者：田中さん（50代女性）・飲食店経営者

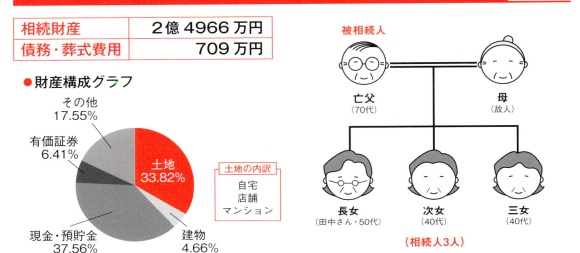

相続財産	2億4966万円
債務・葬式費用	709万円

● 財産構成グラフ
- その他 17.55%
- 有価証券 6.41%
- 土地 33.82%
- 現金・預貯金 37.56%
- 建物 4.66%

土地の内訳：自宅／店舗／マンション

被相続人：亡父（70代）・母（故人）
長女（田中さん・50代）／次女（40代）／三女（40代）
（相続人3人）

相続人　できるだけ節税して飲食店を引き継ぎたい

　田中さんの父親は、飲食店で修業をした後、独立し、結婚後は夫婦でお店を切り盛りしてきました。

　田中さんを長女とする3人の娘も、子どもの頃から両親の働く姿を見て育ってきたので、両親を支える気持ちで、自然と店を手伝うようになりました。

　バブル経済の最中は、店の経営も順調で、会社組織にし、3店舗を経営するようになり、順風満帆かと思えました。しかし、父親とともにお店を切り盛りしてきた母親が先に他界してしまったのです。それを機に、父親は店舗の経営を娘たちに任せることを決断し、贈与税の負担にならない範囲で、娘たちが単独に運営できるように店舗の土地、建物を3人に1つずつ贈与しました。

　飲食店はそれぞれが経営できるように分けましたので、相続の準備はできていたのですが、それでも自宅と法人名義にしていた長女（田中さん）のお店は、土地に父親の名義が残っており、相続税がかかる財産です。これを3人の相続人でどう分割するかというのも問題です。

　両親が苦労して築いてきた財産なので、できるだけ節税して、父親から引き継いだ飲食店を継続していきたいというのが田中さん姉妹の希望です。

040

節税できる遺産分割を優先した

対策前の課税価額　2億4257万円
相続税　3737万円

【評価】

長女が相続
自宅　預貯金　店

特定事業用の
小規模宅地等の特例
3056万円の評価減
⇒917万円の節税

次女が相続
マンション　預貯金

賃貸事業用の
小規模宅地等の特例
871万円の評価減
⇒261万円の節税

三女が相続
預貯金

※小規模宅地等の特例は
56ページ以降を参照

対策後の課税価額　2億330万円
相続税　2559万円
納税　2559万円

節税額　1178万円

相続コーディネーター 不動産を分けずに節税のメリットを活かす

　田中さんの父親は会社の株を所有していましたので、同族会社の事業用地は小規模宅地等の特例による評価減が適用できます。田中さんの父親の財産において、一番大きな評価減になることはその特例を活かすことでした。

　特例を適用すれば全員の相続税を下げることができるメリットが生まれるため、事業用の小規模宅地等の特例を使うことを優先しました。

　幸い預貯金が多くあり、田中さんは自宅と店舗の不動産の他に納税分の預貯金を相続し、次女はマンションと預貯金、三女は預貯金という形で等分になる分け方をしました。

　この案で3人が合意し、円満に遺産分割協議も終えることができ、節税もできました。不動産があると等分には分けられないため、互いに譲歩してまとまったのでした。

COLUMN 2
相続税節税の豆知識

調停しても悔いは残る。譲り合う気持ちを引き出し、オープンな相続をめざそう

調停してもいいことはなにもない

家庭裁判所の調停を申し立てると、法律を基準として遺産分割を決めてはくれますが、相続人のコミュニケーションは一切とれなくなります。財産の分け方が決まる代わりに身内の縁は切れるということです。調停しても裁判をしても相続人には悔いが残る結果となります。よって、弁護士、家庭裁判所に駆け込む前に互いが譲り合って分割協議をするほうが傷は少ないのです。

譲り合う気持ちを持とう

法定割合どおりでなくても、家や家業継承のために貢献度に応じて、譲歩してもいいというのが多くの方の本音です。寄与や特別受益も考慮したうえで、互いに譲歩することで合意を得ることが望ましく、感情的な話や過去のことは持ち出さないほうが無難です。必要以上に責め合う場にしないような配慮があってこそ、話し合いができるというものです。

けれども、相続人の間でそうした話をする前から、一方的な進め方をされたり、財産の内容を教えてもらえないことで、疑心暗鬼が生まれて、もめていくのです。相続では、公平な立場で手続きを進めることが必要なので、一方的な進め方をしないこと、財産は隠さず、全部をオープンにすることで、信頼関係が保てるのです。

POINT
【もめない相続】をするためのコツ
○普段からコミュニケーションを取っておく・・・いざとなっては円満にいかない
○財産や生前贈与はオープンにしておく・・・疑心暗鬼のたねを作らない
○寄与や介護の役割分担の情報共有をする・・・一方的な主張にならないようにする
○もめないよう遺言書や民事信託を用意する・・・意思を残せば悲惨なもめごとにはならない
○弁護士、裁判所に持ち込んでも悔いが残る・・・自分たちで互いに譲歩して解決しよう

第2章
評価・申告のときにできる節税策

● 土地の調査は節税の第一歩

現地調査によって節税のポイントを探し出す

ココに注意！

1. 相続財産は亡くなった日の時価で評価されるが、さまざまな要因で評価が異なることがある。
2. 市街地にある土地は「路線価方式」で評価し、それ以外の土地については「倍率方式」で評価する。
3. 同じ路線価の土地でも、形状などによって評価が異なるため、節税の可能性がある。

財産は亡くなった日の時価で評価される

相続税の計算をする場合、財産の評価額は、亡くなった日の「時価」と決められていますが、財産によって評価には一定のルールがあります。

「時価」とは、その財産の現況に応じて、不特定多数の当事者間で自由な取引が行われる場合に成立すると認められる価格をいいますが、一定のルールにより評価をするので、財産の評価は誰が計算しても同じになると考えてしまうかもしれません。

しかし実際には、さまざまな要因で評価の違いが生じることになります。

土地は基本的に路線価×面積で評価される

土地の評価方法には「路線価方式」と「倍率方式」の2種類があります。市街地にある土地は「路線価方式」で評価し、それ以外の土地については「倍率方式」で評価します。

路線価とは、路線（道路）に面する最も利用効率が高い土地の1㎡当たりの時価を表しており、国税庁が毎年公表しています。

路線価方式で評価するには土地に面している道路の路線価を確認し、次に登記簿や固定資産評価証明書で確認した土地の面積を掛けて計算します。

一方、倍率方式とは、路線価が定められていない地域の評価方法です。その土地の固定資産税評価額に一定の倍率を掛けて計算します。この倍率も国税庁が公表します。

路線価方式はマイナス要因を考慮して算出

路線価に面積を掛けて評価額を出す場合、たとえ同じ「路線価」のついている道路に面しているとしても、その形状等にはそれぞれ違いがあります。評価する土地には何らかのマイナス要因を含んでいることもあり、必ずしも「路線価×面積」が適正な評価額とはな

土地の評価から節税のポイントを探る

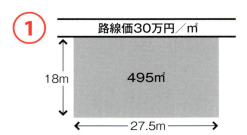

土地の評価額＝30万円×495㎡
　　　　　＝1億4850万円

土地の形状によって評価額は異なる　297万円の評価減

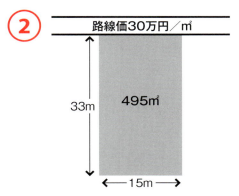

奥行き価格補正率

土地の評価額＝30万円×0.98×495㎡
　　　　　＝1億4553万円

土地のマイナス要因のチェック項目

- ☑ 登記簿と現地の違い、利用状況はどうなっているか
- ☑ 縄縮みや縄延び（登記面積より増減）はないか、公図との違いはないか
- ☑ 間口と奥行きの確認、地形の確認、不整形地はないか
- ☑ 道幅が4m以下ならセットバックが必要、道路は公道か、私道か
- ☑ 道路に接していない（無道路地）状況はないか
- ☑ がけ地はないか、周辺地と極端に高低差はないか
- ☑ 土壌汚染や埋設物の可能性はないか
- ☑ 埋蔵文化財包蔵地に該当していないか
- ☑ 高圧線下となっていないか
- ☑ マンション建設用地に該当しない地積規模の大きな宅地ではないか
- ☑ 墓地、ゴミ処理施設、騒音、悪臭施設はないか

らない場合もあります。

こうした状況を正確に判断するために、土地の現地調査をし、マイナス要因を把握します。これを土地の評価額に反映させることで評価減につながります。

たとえば、土地の一方のみが路線に面している場合、間口が狭い場合、奥行きが長い場合、がけ地や不整形地、無道路地である場合などは、一定の割合を減算して評価することになっています。これを路線価方式の減算項目といいます。

土地の評価額が減ると課税評価額も減ることになりますので、節税が可能となるのです。

KEYWORD
現地調査（げんちちょうさ）
相続時点の土地をはじめとする不動産の評価額を正しく算出するために現地に実際に赴き調べること。登記簿や公図、住宅地図、路線価図などを事前に準備しておくと、現地調査をスムーズに行うことができる。

●土地の評価と節税策の関係

複数利用の土地は利用単位ごと、取得者ごとに評価

ココに注意！

1. 土地は地目ごと、あるいは利用の単位ごとに評価する。
2. １筆の土地でも、取得者が別の場合は別々に評価する。
3. 誰がどの土地を取得すると最も節税効果が高いかを検討する。

土地を用途ごとに評価するときの考え方

　相続税においては、土地は区分ごとのまとまりで評価をします。その区分を「評価単位」といい、地目が同じ場合は地目ごとに評価をし、地目が別の場合は、利用の単位ごとに評価をします。そのため、必ず現地調査をし、登記簿の地目と現地に違いはないか、利用状況はどうなっているかを確認した上で評価するようにします。

　地目には、宅地、田、畑、山林、原野、牧場、池沼、鉱泉地、雑種地などがあり、それぞれ別に評価をします。地目ごとの評価は、相続開始時の現況で判断するため、登記簿上の地目のとおりでないこともあります。

　土地は筆ごとに登記されていますが、１筆の土地であっても、複数の用途があれば、それぞれ別に評価します。また、筆が分かれていても一団となり、同じ用途に利用されていれば、まとめて評価をします。

土地を利用の単位ごとに評価するときの考え方

　さらに、１筆の土地に複数の利用があれば、利用単位ごとに評価をします。

　まず被相続人の利用を確認し、次に相続または遺贈により取得した人の利用で取得者ごとに評価をします。

　被相続人の利用が一体で、取得者が同じなら一体評価（被相続人の利用単位で評価）、取得者が別なら取得者ごとに評価（取得者の利用単位で評価）します。

　被相続人の利用が別のとき、取得者が同じでも別々に評価（被相続人の利用単位で評価）します。

　ただし、利用が別でも自己利用で自用地評価なら、一体評価となります。

　では、取得者ごとに評価する場合に、取得した土地が通常に利用することができないといった著しく不合理な分筆と考えられる場合は、どう評価するのでしょうか。

土地の評価単位を知っておく

土地は地目ごとに評価する

田　宅地　山林　牧場

利用の単位ごとに評価する

利用者＝父（被相続人）

自宅	店舗
取得者＝長男	取得者＝次男

利用者が一体でも利用単位、取得者が異なるため別々に評価

著しく不合理な分割は分割前の利用の単位で評価する

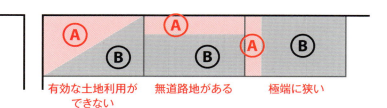

有効な土地利用ができない　無道路地がある　極端に狭い

著しく不合理な分割の例には、次のようなものがあります。

①現在だけでなく将来も有効な土地利用が図れないと考えられる場合。
②無道路地、帯状地になる場合。
③その地域の標準的な宅地に比べ著しく狭い場合。

この場合は、取得者が異なったとしても分筆前の被相続人の利用の単位で評価します。

土地の評価を節税策と結びつけて考える

・土地は利用者ごと、取得者ごとに評価される。
・土地の形状によって評価を減額することができる。

という事実を踏まえると、土地の分筆方法によって納税額に変化が生まれることがわかってきます。

そのため、節税を検討するにあたっては、誰がどの土地をどういう形状で相続すると評価減になるかを比較するようにします。

KEYWORD
地目（ちもく）
不動産登記法によって定められた、主な用途による土地の区分のこと。田、畑、宅地、塩田、山林、牧場など23種類に区分されている。登記簿上の地目と、実際の利用状況が同じとは限らない。

●セットバック・無道路地の評価方法

道路が狭い土地や道路がない土地は評価が下がる

ココに注意！

1. 道幅が4m未満の道路に面した土地は減額評価される。
2. 不特定多数の人が通行する私道は0評価となる。
3. 道路と接していない土地は「無道路地」となり、減額評価の対象となる。

道路の狭い土地はセットバック部分を減額する

　都市計画法や土地区画整理法の事業によって建設された道路は、所定の構造や仕様を備えているため、建築基準法上の道路となります。また、都市計画区域に指定されたときに存在していた道路や、政令で定める基準に適合する道路位置指定を受けた私道も該当します。いずれも道幅4m以上が条件です。

　建築基準法上の道路のうち道幅4m未満の道路については、一般的に、道路の中心線から2mの後退線を道路と敷地との境界とみなします。

　こうした場合、道路境界線を後退させることを「セットバック（路面後退）」といい、建物を新築や増改築する場合は、そのセットバックをしなければなりません。

　つまり、現状では宅地として使用していても、セットバック部分は将来的な道路予定地として、建築対象面積から除外されるため、通常の30％評価とします。

道路に接していない土地の評価の仕方

　道路には、公の機関が設置するもの（公道）以外に、個人・法人などが所有しているもの（私道）があります。

　通り抜け道路のように不特定多数の人が通行できる私道は0評価となり、特定の人が通行する袋小路のような私道は、路線価の30％評価となります。

　さらに、道路と接していない土地は、「無道路地」となります。無道路地は、通路を確保するために、新たに土地を購入する必要が生じます。

　公道に2m以上接してないと建築ができないため、その部分を減額します。

　無道路地の評価方法は以下のとおりです。
①図中、Ⓐ（無道路地）とⒺ（道路に面する土地）を合わせた評価額を計算し、Ⓑの評価額をマイナスする。

道路が狭い土地、無道路地の評価

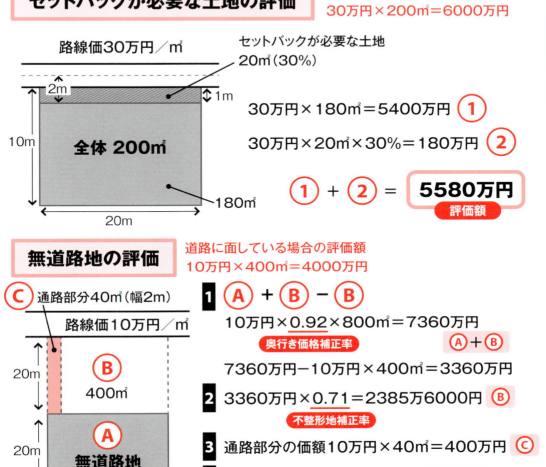

②Ⓐに適用される補正率を①に掛ける。
③C（通路）を開設するための費用を計算する。
④②から③をマイナスする。

　なお、他人の土地に囲まれていても、その他人の土地を通行できる権利がある場合は、無道路地にはなりません。

　また、道路に接していても、接している間口距離が基準の2mを満たしていない土地については、無道路地と同様に不足している分を減額評価します。

KEYWORD
道路境界線（どうろきょうかいせん）
道路と、それに接する土地との境界線のこと。建築基準法では、道路の幅員は4m（特定の地域では6m）と定められており、基準に満たない場合は、道路境界線を後退させなければならない。

●がけ地等の評価方法

がけ地、隣地との高低差がある土地は評価が下がる

ココに注意！

1. がけ地は平らな土地よりも利用価値が低くなるため、減額評価される。
2. 土地が平坦であっても、道路から高低差がある土地は10％の減額をする。
3. 高圧線の下に土地がある場合は、建築制限があるため、内容に応じて評価減の対象となる。

「がけ地」は「がけ地補正率」を掛けて評価

　土地が平坦でなく、一部が斜面になっている土地を「がけ地」といい、平らな土地よりも評価を下げることが可能です。

　がけ地は、平坦な土地に比べて利用価値が低くなりますので、その割合を評価して減額するようにします。

　その土地が路線価地域にある場合には、がけ地により通常に使用できない部分の面積を算出し、土地全体の面積に対するがけ地の占める割合を求めます。

　そして、それを基にした「がけ地補正率」を掛けて評価額を出します。補正される分が減額となります。

　山林や畑の場合には、平坦な土地の評価から造成費を控除することにより評価します。なお、造成費は財産評価基準書により、決められています。

　また、土地自体は平坦でも、道路から高低差があったり、付近の他の土地と比べて著しく低くなっているような土地は、利用価値の低下している部分について、10％の減額をするなど、評価減をします。

　高低差のある土地は階段やスロープを造ることや土留め工事に費用がかかるため、その分を減額するようになっているのです。

高圧線の下に土地がある場合の評価

　高圧線が通っている場所の下に土地がある場合は、建築制限があることが多いため、その制限内容によって土地の評価減が可能となります。

　建築制限内容は、電力会社との契約内容ではなく、「電気設備に関する技術基準を定める省令」によって判定されます。登記関連情報、図面取得のほかに、高圧線管理者に問い合わせ、使用電圧と高圧線までの高さを確認する必要があります。

　また、減額の評価方法は以下のとおりです。

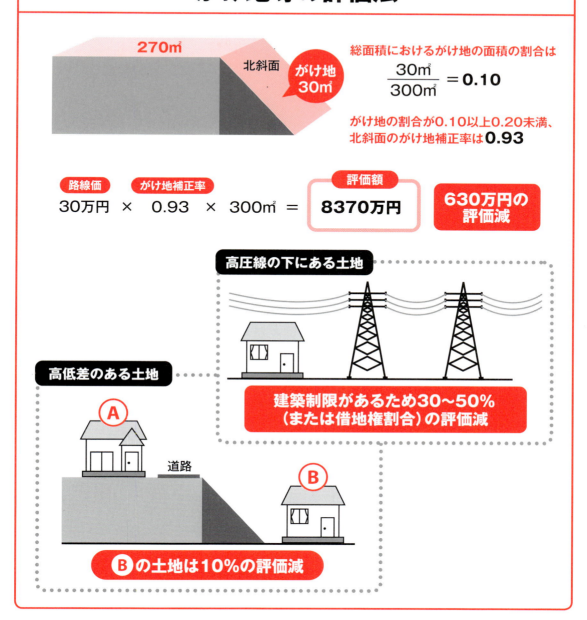

①建物がまったく建築できない場合は、借地権割合または50％のいずれか高い割合。
②建物の建築に制限を受ける場合は、30％。

現地調査を行う際は、土地の現況を見るだけでなく、上空に高圧線が通っていないかといった点にも注意する必要があります。

このように土地は建築制限があるために評価減がなされます。建築ができない土地に対しての減額はありません。

KEYWORD
借地権割合（しゃくちけんわりあい）
土地を借りて自宅を建てて登記する場合、「借地権」が発生する。相続が発生した場合に、財産を評価するために国税局が時価に対する借地権割合を設定している。一般に東京の商業地では80〜90％、住宅地では60〜70％とされている。

● 特殊な土地の評価方法

特殊な事情がある土地は評価が下がる

ココに注意！

1. 土壌汚染のある土地は、汚染拡散防止の費用がかかるため土地の評価が下がる。
2. 土地に文化遺産が埋まっている場合は、発掘調査の費用を控除することができる。
3. 墓地、ゴミ焼却施設、騒音、悪臭施設が近隣にあるなどの問題に応じて土地の評価が下がる。

土壌汚染のある土地はどう評価されるか

　土壌汚染のある土地は、各地方公共団体の条例で汚染拡散防止措置が求められており、その費用を負担する必要があります。そのため、土地の評価額が下がります。

　土壌汚染地の相続税評価には、原価方式が使われます。まず、その土地に汚染がない場合の評価額を計算します。そこから、浄化にかかった費用と、使用収益制限減価、そして心理的要因の減価を控除したものが土壌汚染地の評価額となります。土壌汚染地と判定されるには、課税時点で土壌汚染地と判明していなければなりません。しかるべき調査によって認定されている必要があります。

土地に文化遺産が埋蔵されているときの評価

　埋蔵文化財包蔵地は、地下に埋蔵文化財があると確認されている土地のことです。埋蔵文化財とは、土地に埋もれたままの文化財のことです。埋蔵文化財の包蔵地は市区町村の教育委員会により指定されています。

　土地に文化的に価値のあるものが埋まっていると、本来はこの埋蔵文化財を掘り出さなければなりません。そして、この発掘費用は土地の所有者が負担することになっています。そのため、相続した土地が埋蔵文化財の包蔵地に指定されている場合、土地の評価額から発掘費用の80％を控除することができます。

　埋蔵文化財包蔵地で土木工事等の開発を行う場合は、文化財保護法によって事前に埋蔵文化財の有無を調べなければなりません。「試掘調査」を実施して、実際に遺跡等が発見された場合には「本発掘調査」を行うことになります。

　この調査にかかる費用は、所在地の地方公共団体により取り扱いが異なりますが、土地の所有者が負担しなければならないときがあり、譲渡などを行う際に土地の取引価格に大きな影響を与えます。通常の土地の評価額か

特殊な事情のある土地の例

土壌汚染のある土地
評価額＝
汚染がない場合の評価額
－浄化費用
－使用収益制限減価
－心理的要因の減価

文化財が埋まっている土地
評価額＝
通常の評価額
－発掘調査費用の80％

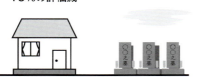
墓地が近隣にある土地
10％の評価減

ゴミ焼却施設が近隣にある土地
10％の評価減

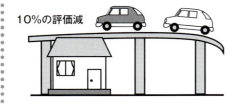
高速道路に接する土地
10％の評価減

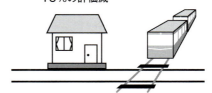
電車の線路や踏切に隣接する土地
10％の評価減

ら、埋蔵文化財の発掘調査費用の80％相当額を控除することが認められています。

さまざまな事情で評価額が下がることがある

その他の個別事情として、墓地、ゴミ焼却施設、騒音、悪臭施設などが近隣にある場合、土地の路線価評価では現実的な評価を反映していないこともあります。

また、高速道路に接する土地、電車の線路や踏切に隣接する土地などは、騒音の問題があります。これらの点があれば、1つの要因につき各10％を減額できるようになっています。ただし、2点で20％が上限とされています。

KEYWORD
埋蔵文化財（まいぞうぶんかざい）
土地に埋蔵されている文化財のこと。一般的には遺跡と呼ばれている場所となる。埋蔵文化財の存在が知られている土地は全国で約46万カ所あるとされ、毎年約9000件の発掘調査が行われている。

● 都市計画道路・区画整理中の土地の評価方法

道路計画がある土地、区画整理中の土地は減額できる

ココに注意！

1. 都市計画道路予定地を含む土地は、土地の利用価値が低下するので評価減の対象となる。

2. 都市計画道路があるかどうかは、市区町村の都市計画課にある都市計画図で確認する。

3. 区画整理中の土地は、仮換地の造成工事が完了するまで1年を超える場合に減額となる。

都市計画道路予定地を含む土地の評価

都市計画道路予定地のある土地は、告示されてから都市計画が事業認可されるまで、都市計画法の規定によって、2階建て以下の簡易建物しか建築できなくなります。

つまり、土地の利用価値が低下してしまうため、評価減の対象となります。

評価額の算出にあたっては、都市計画道路予定地の区域内となる部分が、都市計画道路予定地の区域内となる部分でないものとした場合の価額に、地区区分、容積率、地積割合に応じて定める補正率を掛けて計算します。

補正率表に従えば、たとえば、普通商業地区で容積率が300％以上400％未満に指定された土地で、土地全体に対する道路予定地の割合が30％未満の場合、補正率は0.94。つまり6％の減額とされます。

なお、都市計画道路の有無については、市区町村の都市計画課にある都市計画図で確認

します。都市計画は、証明願、住宅地図、公図、実測図等の提出によって証明することができます。計画道路の存在は、相続人でも把握していないこともありますので、市区町村での調査が肝心といえます。

区画整理中の土地の評価

土地区画整理事業の施行地区内の土地であり、仮換地が指定されている場合には、その土地は、仮換地の価額に相当する価額で評価します。

ただし、その仮換地の造成工事が完了するまでの期間が1年を超えると見込まれる場合、土地の価額はその仮換地の造成工事が完了したものとして、路線価方式または倍率方式によって評価した価額の100分の95に相当する価額で評価します。

換地処分によって清算金が徴収されたり交付されたりするケースがありますが、課税時期に確実と見込まれるものがあるときには、

都市計画道路予定地の評価

35万円／㎡

計画道路 15㎡

150㎡（うち計画道路予定地15㎡）

容積率 300%

路線価評価

35万円 × 150㎡ = **5250万円**

① **地積割合** 15㎡／150㎡ = 10%

[その宅地の総面積に対する都市計画道路予定地の部分の割合]

② **容積率** 300%

[敷地面積に対する建築物の各階の床面積の合計の割合]

下の表に照らし合わせると

補正率

地区区分	繁華街、普通商業・併用住宅地区		
容積率＼地積割合	300%未満	300%以上400%未満	400%以上
30%未満	0.97	0.94	0.91
30%以上60%未満	0.94	0.88	0.82
60%以上	0.90	0.80	0.70

評価額 5250万円 × 0.94（補正率）= **4935万円**　300万円以上も安くなる

その金額が考慮されます。徴収されるときは仮換地の価額から減算し、交付されるときは加算して評価します。

なお、仮換地が指定されている場合であっても、次の事項に該当するときには、従来の宅地の価額で評価します。

①仮換地について使用または収益を開始する日を別に定めるとされているため、仮換地の使用または収益を開始することができないこと。

②仮換地の造成工事が行われていないこと。

KEYWORD

仮換地（かりかんち）
公共施設の整備改善や宅地の利用増進を図るために行う土地区画整理事業において、換地処分の前に、地権者用に割り当てられる仮の換地のこと。

土地区画整理事業（とちくかくせいりじぎょう）
道路、公園、河川などの公共施設を整備・改善し、土地の区画を整え宅地の利用の増進を図ること。地権者から少しずつ土地を提供してもらい、公共用地に充てたり、売却して事業資金とすることもある。

● 居住用、事業用地に対する減税の特例

小規模宅地等の特例を適用すると節税できる

ココに注意！

1. 事業や居住のために使っていた土地を相続する場合は、減税の特例があり、2015年度より条件が緩和された。
2. 居住用は330㎡、事業用は400㎡まで、評価額を減額できる。
3. 居住用地の特例と事業用地の特例は併用できる。

居住用、事業用の土地には減税の特典がある

被相続人が事業や居住のために使っていた土地は、相続人にとって生活基盤財産であり、納税のために簡単に手放すことができない事情があります。そこで、相続した土地のうち、居住用は330㎡まで、事業用は400㎡までに対し、一定の割合で土地の評価額を減額できる制度があります。この特例を「小規模宅地等の特例」といいます。

この特例の対象区分は、「特定事業用宅地等」「特定居住用宅地等」「特定同族会社事業用宅地等」および「貸付事業用宅地等」のいずれかに該当する宅地等となっています。

① 80％の減額適用

特定事業用宅地に該当する場合は、親の事業を子が引き継ぐこと等が要件となり、居住用の土地は相続後も継続して相続人が居住することなどが要件となります。

② 50％の減額適用

貸付事業用の土地は200㎡までが限度で、相続後も継続して貸付事業を行うことが要件となります。

居住用の特例と事業用の特例を合わせて730㎡まで使える

80％の減額を受けることができる居住用の土地330㎡と事業用の土地400㎡については、従来であれば、合わせて400㎡までとされていました。

しかし、2015年1月1日より、条件が緩和され、併用して減額を受けることができるようになりました。よって合わせて730㎡まで80％減額できるため、同居して家業を継ぐ相続人のメリットが大きくなったといえます。

小規模宅地等の特例を節税に活かす

遺産分割によって節税する方法の1つに、この「小規模宅地等の特例」をうまく利用す

小規模宅地等の特例の適用要件

要件1 建物の敷地である
建物や構築物などの敷地に充てられた土地で、農地や牧草地以外。

要件2 居住用または事業用である
被相続人らの居住用または事業用に用いられたもの。特定同族会社の事業に用いられていたもの。

要件3 居住用330㎡・事業用400㎡・貸付用200㎡
相続または遺贈により取得した土地のうち、居住用地であれば330㎡まで、事業用地であれば400㎡まで80％減。両方であれば、居住用地330㎡＋事業用地400㎡の合計730㎡まで80％減額となる。貸付用は200㎡まで50％減。

要件4 申告期限までに遺産分割を確定
相続税の申告期限までに相続人の間で遺産分割が確定していること。

最大730㎡ 80％の減額

例

660㎡・1億円の土地を1/2ずつ相続

母 ⇒ 同居　330㎡
子 ⇒ 同居　330㎡

→ **母＝配偶者の税額軽減で無税**

子＝330㎡を80％減
[5000万円－5000万円 ×80％＝1000万円]
※4000万円の評価減

→ **二次相続で残りの330㎡を相続（同じ評価と想定）**
[5000万円－5000万円 ×80％＝1000万円]
※4000万円の評価減

一次、二次合わせて8000万円の評価減となる

ることが挙げられます。

居住や事業を継続する人が相続することで適用でき、減額が大きくなるので、相続税を減らすことにもつながります。

居住や事業を継続する人が複数いる場合は、誰から優先して特例を適用させるかを検討する必要もあります。たとえば、父の死に伴って母と子が相続する場合、母には配偶者の税額軽減を適用し、子から優先して小規模宅地等の特例を適用させます。そして、母が死亡したときの二次相続では、再び特定居住用宅地等として減額を受け、トータルでの節税を実現します。なお、居住用の土地と事業用の土地が別にあり、路線価が違う場合は、どちらに適用したほうが節税額が大きくなるかを比較してから選択するようにします。

KEYWORD
小規模宅地（しょうきぼたくち）
被相続人の事業または居住の用に供されていた宅地等のうち、一定の面積までを指す。居住用は330㎡、事業用は400㎡まで、貸付用は200㎡まで、一定の割合で減額できる「小規模宅地等の特例」を使うことで、納税額を減らすことができる。

● 小規模宅地等の特例の適用条件①

特定の居住用宅地等に関する特例の条件を知る

ココに注意！

1 被相続人が長期入院していた場合も、特例を適用することができる。

2 被相続人が介護が必要なため、終身利用権付き老人ホームに入所していた場合も、特例を適用することができる。

3 自宅を貸していないことが条件となる。

減額の対象となる相続人を知っておく

相続開始の直前に被相続人が住んでいた宅地等で、一定の要件に該当する被相続人の親族が相続または遺贈により取得したものについては、330㎡までの部分について評価額が80％減額されます。

この特例を受けるためには、以下のいずれかに該当する必要があります。

①被相続人が居住していた宅地等を配偶者が取得した場合。

②被相続人の同居親族が、申告期限まで被相続人が居住していた宅地等を所有し、その建物に居住している場合。

③相続開始直前に配偶者や同居親族がいない場合で、相続開始前3年以内に自分または3親等内の親族や特別関係法人が所有する建物に居住したことがなく、居住する家屋を過去に所有していた経験がない者が、被相続人の居住していた宅地等を取得し、申告期限までその宅地等を所有し続けている場合。

④被相続人の宅地等で、被相続人と生計を一にする親族が居住していたものを、配偶者が取得した場合。

⑤被相続人の宅地等で、被相続人と生計を一にする親族が居住していたものを、居住継続親族が相続税の申告期限までその宅地等を所有し続け、居住している場合。

つまり、被相続人の自宅については、配偶者もしくは同居親族か、持ち家を所有していない子（細かい要件あり）が相続しなければ、特例は適用されません。

被相続人が居住していた宅地等についての判断

被相続人が相続の直前まで居住していたかどうかについての判断として、次のようなケースが考えられます。

①病院に長期入院後、死亡した場合

病院は、あくまで病気治療のための施設であり、病気が治った場合には、退院して入院

小規模宅地等の特例による評価減の例

居住用宅地 200㎡

路線価 20万円×200㎡×(100%−80%)

= 800万円

特例の適用で3200万円の減額

特定居住用宅地等が評価減になる取得者の条件

● 配偶者

● 被相続人と同居していた家族
※ただし、相続税の申告期限までその土地を保有し、申告期限までその家に住み続けること

● 配偶者または被相続人と同居していた法定相続人がいない場合で、別居していた親族のうち相続開始の3年前から自分または3親等内の親族や特別関係法人が所有している家に住んだことがなく、家を所有したことのない人
※ただし、相続税の申告期限までその土地を保有し続けること

● 被相続人と生計を一にしていた親族

前に居住していた建物に戻るのが通常といえます。そのため、相続開始時に空家となっていた場合（貸家等となっている場合は除く）でも、被相続人が居住していた宅地等とみなされ、特例は適用できます。

②特別養護老人ホーム入所の場合

特別養護老人ホーム等の入所は、一種の病院への入所と考えられるので、生活の拠点は自宅となり、特例は適用できます。

③介護付き終身利用型有料老人ホームに入所の場合（介護の必要性が認められる）

終身利用権のついた老人ホームに入所したとしても、介護を受ける目的であり、自宅に戻るつもりでいて、貸したりしていなければ、特例は適用できます。

④一般の老人ホームに入所の場合

要介護認定又は要支援認定を受けていた場合、特例は適用できます。

心身が健全で自主的に入所する老人ホームの場合、生活の拠点も老人ホームとなるため、特例は適用できません。

KEYWORD
相続税の申告期限（そうぞくぜいのしんこくきげん）
相続税の申告は、被相続人が死亡したことを知った日の翌日から10カ月以内に行うこととなっている。この期限が土曜日、日曜日、祝日などにあたるときは、その翌日が期限となる。

●小規模宅地等の特例の適用条件②

居住形態によって適用の仕方に違いがある

ココに注意！

1. 同居と認められれば居住用の特例が受けられる。
2. 一定の二世帯住宅の場合、配偶者が相続すると330㎡が適用の対象となる。
3. 子どもが別棟の家屋に居住している場合は同居とみなされない。

同居と認められれば特例の適用が受けられる

居住用の小規模宅地等の特例の適用には、同居か否かの判断が必要になります。二世帯住宅等、さまざまな居住形態があります。同居と認められれば特例の適用が受けられますが、同居と認められないと特例が適用できないことになります。

（1）二世帯住宅の場合

一つの建物でも建物内に内階段がなく、玄関が別々となっている完全独立型の二世帯住宅を建てて親世帯と子ども世帯が同居している人は多いことでしょう。

1階部分に被相続人とその配偶者が居住しており、2階部分に長男家族が居住しているようなケースですと、これまでは配偶者が土地を相続しても半分しか小規模宅地等の評価減の特例は適用できませんでした。長男家族の住む部分が同居親族として扱えなかったのです。さらに、長男が土地を相続すると、同じ建物に住んでいてもまったく小規模宅地等の特例を適用することができませんでした。

けれども、被相続人の居住用として利用されていた1棟の二世帯住宅で完全独立型であっても、特例が適用できるようになりました。

したがって、内階段で行き来できない構造の二世帯住宅で、長男がこの宅地等を取得した場合についても、1階、2階に対応する敷地全体が小規模宅地等の評価減の特例の適用対象となります。

こうした要件の緩和により、同居している子世帯にとっては、親の自宅等を相続する際、メリットは大きなものになります。また、中階段を作るなどの対策も不要となりました。

（2）同じ敷地の別棟の家屋に居住している場合

同じ敷地に被相続人の自宅とは別に、子どもが家を建てて住んでいることもよくあるパターンです。同じ敷地に住んでいるので、親子ともに「同居」している感覚だといえますが、相続税の場合は、別棟の家では「同居」

二世帯住宅の「小規模宅地等の特例」

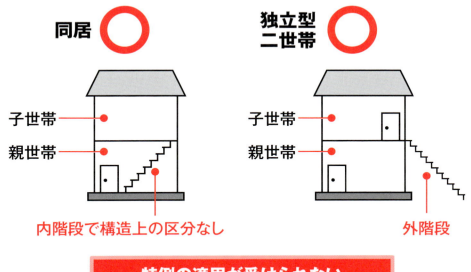

とみなされません。

この場合、子どもと親の生計が同一か否かで判定されます。生計が別の場合、特例は適用できません。ただし、生計が同一の場合、子どもの生活拠点を保護するため特例を適用することができます。

よって、同居する配偶者や同居する子どもが自宅の土地を相続した場合は、自宅の部分だけが小規模宅地等の特例の対象となり、別棟の子どもの家の部分は、子どもの生計が別であれば適用されません。

また、別棟に住む子どもが被相続人の自宅を相続しても、「同居」とみなされないため、特例の適用はできません。

KEYWORD
家なき子（いえなきこ）
①被相続人に配偶者または同居親族がいない場合で、②被相続人が居住の用に供していた宅地等を、③上記②の宅地等を取得した親族が、④相続開始前3年以内に日本国内にある、⑤本人（親族）または3親等内の親族や特別関係法人の所有する家屋に居住したことがなく、自ら居住する家屋を過去に所有した経験がなく、⑦申告期限まで継続保有すること（居住要件なし）。

● 小規模宅地等の特例の適用条件③

特定事業用宅地等、貸付事業用宅地等に該当する場合も減額

ココに注意！

1 特定事業用宅地等に該当する宅地等は、減額の特典を受けることができる。

2 貸付事業用宅地等も、減額の特典を受けることができる。

3 賃貸事業を承継するときは、将来的な収益も見越した上で判断することが大切。

特定事業用宅地等は減額の対象

　特定事業用宅地等に該当する宅地等は、400㎡までの部分について評価額が80％減額されます。
①特定事業用宅地等
　被相続人が事業を営んでいた宅地等を親族が取得する場合、以下のような条件をクリアしていなければなりません。
・その宅地等で営まれていた事業を相続税の申告期限までに承継し、その事業を営んでいること。
・その宅地等を相続税の申告期限まで有していること。
・被相続人と生計を一にしていた被相続人の親族が営んでいる事業を、その親族が相続開始の直前から相続税の申告期限まで営んでいること。
②特定同族会社事業用宅地等
　特定同族会社事業用宅地等とは、不動産貸付業以外の法人の事業に使われていた土地で、一定の要件に該当する親族が取得したものをいいます。なお、法人と取得者の要件は以下のとおりです。
・法人の要件
　相続開始の直前に、被相続人および被相続人の親族等がその法人の発行済み株式の総数または出資の総額の50％超を有している法人（相続税の申告期限において清算中の法人を除く）。
・取得者の要件
　相続税の申告期限においてその法人の役員であること、その宅地等を相続税の申告期限まで有していること。

貸付事業用宅地等の減額を活用する

　「貸付事業用宅地等」とは、相続開始の直前に、被相続人が営んでいた不動産貸付業に使われていた宅地等で、被相続人の親族が相続または遺贈により取得したものをいいます。

貸付事業用宅地の計算例

賃貸マンション　10室のうち1室が空室
路線価　30万円　借地権割合　60%
借家権割合　30%

200㎡

① **貸家建付地の評価額**　9／10室

30万円×200㎡＝6000万円
6000万円×｛1－60%×30%×(180㎡÷200㎡)｝＝ **5028万円**

② **小規模宅地等の特例による減額**

(1) 賃貸中の部屋に対応する敷地部分の評価額

30万円×180㎡＝5400万円
5400万円×(1－60%×30%)
＝4428万円

(2) 小規模宅地等について減額で50%の評価減

4428万円×50%＝ **2214万円**

① 5028万円 － ② 2214万円 ＝ **評価額 2814万円**

約45%の評価額にまで下がる

※一時的な空室の場合には、空室部分に対応する敷地から小規模宅地等の特例を適用することができます。

貸付事業には、「不動産貸付業」「駐車場業」「自転車駐車場業」などがあるほか、事業とするに至らない規模の不動産の貸し付けや、相当の地代、家賃を得て継続的に行う「準事業」も含まれます。

減額の特例が適用されるには、被相続人の貸付事業を相続税の申告期限までに承継し、申告期限までその貸付事業を行っていること、その宅地等を相続税の申告期限まで有していることが条件となります。

また、アパートやマンション、貸店舗、貸オフィスなどは、相続開始時に賃貸しているという条件もあります。空室になっていれば、その空室部分は貸し付け用とみなされず、小規模宅地等の特例の減額は受けられませんので、注意が必要です。また、その際には全体の建物から空室部分の面積を除外して計算します。

一時的な空室は貸家建付地としてよい

アパートなどの一部に空室がある場合、一時的な空室部分が「継続的に賃貸されてきたもので課税時期において、一時的に賃貸されていなかった」とされる場合は貸家建付地評価としてよいとされています。

●小規模宅地等の特例の選択方法

異なる区分の土地があるときには**限度面積**を考える

1 小規模宅地等の特例が適用できる土地が複数あるときは、節税効果が高い組み合わせを考える。

2 1カ所の土地だけでなく、複数カ所を限度面積まで減額を適用することが可能。

3 「路線価」「限度面積」「減額割合」などを踏まえながら計算することが大切。

最も節税効果の高い組み合わせを考える

小規模宅地等の特例が受けられる「特定事業用宅地等」「特定居住用宅地等」「特定同族会社事業用宅地等」および「貸付事業用宅地等」のうち、複数の区分の土地があるときは、節税額が大きくなるような組み合わせをすることができます。

まずは、適用する土地の限度面積を考えます。次の計算式を満たす面積が、それぞれの宅地等の「限度面積」になります。

$A + (B \times 5 \div 3) + (C \times 2) \leqq 400$

A:「特定事業用宅地等」と「特定同族会社事業用宅地等」の面積の合計
B:「特定居住月宅地等」の面積の合計
C:「貸付事業用宅地等」の面積の合計

このように、1カ所の土地だけでなく、複数の土地を合わせた「限度面積」まで減額を適用することができます。

どの土地に適用するかを比較選択する

土地の評価額は「路線価×面積」によって算出されます。小規模宅地等の特例による減額も同様に「路線価×面積(限度面積)」で求められるため、路線価が高い土地は、特例による減額も大きくなります。

小規模宅地等の特例の節税効果を活かすには、どの土地に適用したほうがいいのかを、比較検討して選択するようにします。

自宅があり、賃貸住宅もある場合、同じ路線価であれば、自宅で適用するほうが80%と、大きな評価減になるのは明らかです。しかし、賃貸住宅の土地の路線価が自宅の路線価よりもはるかに高い場合は、そちらを選択したほうが得策といえます。

路線価だけでは判断できない

とはいえ、特例の要件には路線価と限度面

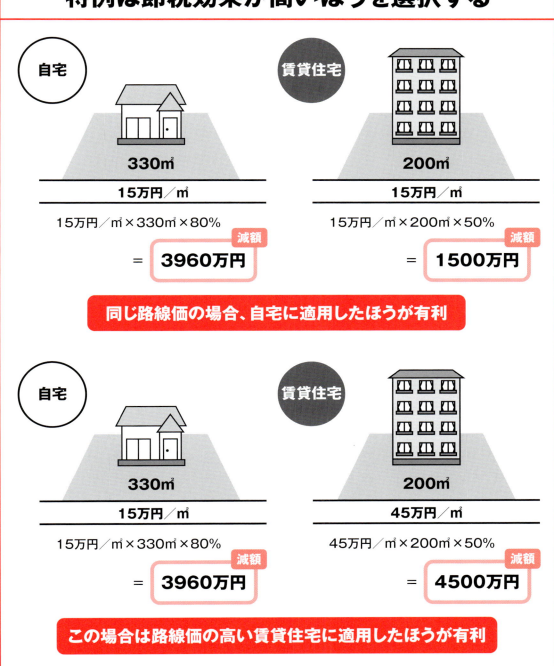

積が関わってくるため、一概に路線価だけでは判断できません。そのため、十分な検討を行いながら、どのように小規模宅地等の特例を適用するのかを決めていくことが大切です。

KEYWORD
路線価（ろせんか）
国税庁が公表する、路線ごとの宅地1㎡当たりの土地評価額のこと。相続税や贈与税を課税する際には、路線価を基準に土地の評価額を算定する。評価時点は毎年1月1日時点となっており、7月に発表される。

●大きな土地は評価が下げられる評価方法がある

『広大地の評価』が廃止（平成29年12月末）、『地積規模の大きな宅地の評価』が新設された

ココに注意！

1. 広大地評価は廃止、地積規模の大きな宅地の評価が新設された。
2. 広大地評価よりも地積規模の大きな宅地の評価のほうが高くなる。
3. 広大地が適用できなかった土地を評価減できることもある。

地積規模の大きな宅地の評価が新設された

　以前の広大地評価では、減額率が大きく節税効果が大きかったのですが、反面、適用要件に不明確なところがあり、問題となっていました。そこで、平成29年12月末に広大地評価は廃止され、平成30年からは「地積規模の大きな宅地の評価」が新設され、規模格差補正率による評価に変わりました。新設された評価方法の適用条件は以下の通りです。

地積	○三大都市圏500㎡以上あること ○その他1,000㎡以上あること
路線価で定める地区区分	○普通住宅地区に存すること ○普通商業・併用住宅地区存すること
都市計画法で定める用途地域等	○市街化調整区域以外に存すること（但し宅地分譲開発可能な土地は可） ○工業専用地域以外に存すること
容積率	○400％（東京特別区は300％）以上の地域でないこと（なお、前面道路幅員等は考慮されない）

規模格差補正率で計算する

　「規模格差補正率」は、土地の大きさを考慮して減額するための補正率です。つまり、その土地の形状と地積の大きさを考慮した評価が可能になったのです。広大地評価では、地積が同じであれば、どんな形の土地であっても評価額は同じでしたが、「地籍規模の大きな宅地」の評価方法では、正方形に近いきれいな形の土地は、広大地評価で算出した額より、評価額が高くなります。

地積規模の大きな宅地の評価額
＝路線価×各種補正率×規模格差補正率×地積

$$規模格差補正率 = \frac{Ⓐ × Ⓑ + Ⓒ}{地積規模の大きな宅地の地積（Ⓐ）} × 0.8$$

　上記算式中の「Ⓑ」及び「Ⓒ」は、地積規模の大きな宅地が所在する地域に応じ、それぞれ次に掲げる表のとおりとする。

大きな宅地の評価が明確化

土地のイメージ

三大都市圏、普通住宅地区

Ⓐ **通常の評価額**

100,000円（路線価）
×1,600㎡（地積）
＝1億6000万円

※広大地評価が使えなかった土地は評価減になる

路線価100,000円

広大地の評価額と、改正後の評価額は以下になります。

Ⓑ **改正前の広大地の評価額**

100,000円（路線価）×（0.6−0.05×1,600÷1,000）×1,600㎡（地積）
＝8320万円

Ⓒ **改正後の規模格差補正率を適用した場合の評価額**

100,000円（路線価）×0.92×0.75×1,600㎡（地積）＝1億1040万円

Ⓒ 1億1040万円 − Ⓑ 8320万円 ＝ 2720万円

➡ **約33％評価増**

Ⓐ − Ⓒ ＝ 1億6000万円 − 1億1040万円 ＝ 4960万円

➡ **約31％評価減**

イ　三大都市圏に所在する宅地

地積㎡	記号	普通商業・併用住宅地区、普通住宅地区 Ⓑ	Ⓒ
500 以上　1,000 未満		0.95	25
1,000 〃　3,000 〃		0.90	75
3,000 〃　5,000 〃		0.85	225
5,000 〃		0.80	475

ロ　三大都市圏以外の地域に所在する宅地

地積㎡	記号	普通商業・併用住宅地区、普通住宅地区 Ⓑ	Ⓒ
1,000 以上　3,000 未満		0.90	100
3,000 〃　5,000 〃		0.85	250
5,000 〃		0.80	500

● 鑑定評価による評価減

鑑定評価で市場価値に見合った評価額を出す

ココに注意！

1 不動産鑑定士による鑑定評価の結果を相続税評価額として申告することができる。

2 がけ地や山林、市街化調整区域などは鑑定評価によって評価が低くなる傾向がある。

3 費用性、市場性、収益性という3つの異なる観点から不動産の価格を求める。

不動産の鑑定評価を時価とすることができる

　不動産の鑑定評価とは、不動産鑑定士が不動産の経済価値を判定し、その結果を価額に表示することです。

　相続時の土地は、路線価方式や倍率方式で評価されます。しかし、この評価は国税当局が時価を求めやすいように定めた財産評価基本通達に基づくものにすぎず、個々の土地の実情を反映したものではありません。そのため、評価額も現状とかけ離れたものになることがあります。

　そこで通常の評価ではなく不動産鑑定士による鑑定評価を行い、その結果を相続税評価額として申告しても受け付けてもらうことが可能です。

　ただし、必ず認められるとは限らず税務署の判断により鑑定評価が否認されることもあるため、リスクを伴います。

鑑定評価によって評価が低くなる土地

　鑑定評価によって、以下のような特殊な不動産の評価が低くなる傾向があります。
①がけ地等の傾斜の強い土地
②道路付きが悪く利用困難な土地（建築基準法上の道路に接面していない土地）
③土地汚染等の阻害要因がある土地
④大規模地で大きく市場評価が下がる土地
⑤間口・奥行きや不整形で利用効率が劣る土地
⑥衰退している地方都市の中層事務所地
⑦市街地農地、山林、原野
⑧市街化調整区域に存する雑種地
⑨高圧線下地、都市計画道路予定地を含む土地
　また、地積規模の大きな宅地の評価なども不動産鑑定士の意見書を添付資料とします。

不動産の価格の三面性に基づいて評価する

　不動産の価格を求める鑑定評価は3つの手

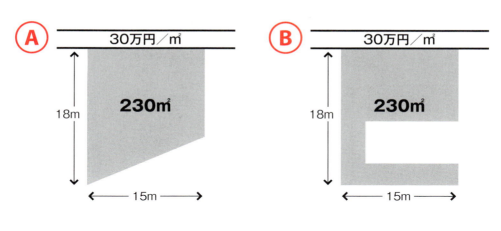

第2章 【評価・申告】のときにできる節税策

法があり、それぞれの観点から求めます。
①原価法：その不動産を今つくるとするならば、どのくらい費用がかかるか（費用性）。
②取引事例比較法：その不動産と同じような不動産は、現在どのくらいで取引されているか（市場性）。
③収益還元法：その不動産が生み出す収益は、現在どのくらいの価値があるか（収益性）。

これらは、不動産の価格の三面性（費用性・市場性・収益性）の各性質に着目することで不動産の価格を求めようとする評価手法です。

KEYWORD
雑種地（ざっしゅち）
不動産登記規則に定められた23種類の地目（田、畑、宅地、塩田、鉱泉地など）に該当しない土地のこと。一般的に資材置き場や駐車場などを指す。

●不動産の売却で節税する方法

申告期限までに売却して「時価申告」する

ココに注意！

1. 不動産は路線価評価よりも低い価格でしか売れないときは、売買価格を時価とできる。
2. 貸地や別荘地なども、相続税評価額以上で売れないときは、売却することで評価額を減額できる。
3. 申告後の売却でも売買価格で相続税が還付される。

路線価と売買価格の差が評価減となる

　相続では、財産の価額は被相続人が亡くなった日の時価によると定められています。したがって、それぞれの財産は定められた評価方法によって「時価」を計算し、相続財産の評価とします。

　しかし、不動産の場合は、個々に特殊な事情やさまざまな形状があります。

　「路線価×面積」や補正率などで評価した金額で売買されるかというと、そうとも言い切れません。

　たとえば、相続税の申告までに土地を売却した場合に、路線価評価や不動産鑑定評価よりも低い価格でしか売れないこともあり得るのです。そうした場合は、土地の売買契約書を添付することで、売買価格が「時価」となり、相続税評価額として申告できます。結果的に、路線価と売買価格の差額が評価減となり、相続税も下がります。

貸地や別荘地の売却でも節税できる

　貸地も相続税の対象となるため、相続のタイミングで売却してしまう方法もあります。

　この場合、借地人が買い受け人の第一候補となりますが、相続になったからといっても、まとまった土地代を用意することが難しく、購入できないこともあります。

　その際は価格を下げたり、第三者に売却するなどで、相続税評価額以上に売れない場合であっても、申告期限までに売却すれば節税になります。

　また、別荘地など、以前に比べて人気の落ちた不動産も、申告期限までに売却することで、時価申告ができ、節税につながります。

申告後の売却でも相続税が還付される

　相続税の申告期限内に売却しなかった場合でも、申告後に売却した際に路線価評価を下

時価申告のメリット

売買価格を時価として申告することもできる

相続税評価額
1億5000万円

＞
申告までに売却していれば節税になる

実際の売却額
1億円

売買価額が適正かどうかを見極めるポイント

POINT 1 売却の経緯が適切かを確認する

POINT 2 類似した他の売買実例と比較する

POINT 3 不動産鑑定士等の専門家への意見聴取を行う

回っているときは、更正の請求（96ページ参照）をすることで相続税の還付を受けることができます。原則は、申告期限より5年以内が更正の請求の期限となっていますが、売却する場合は早めに決断するようにしましょう。

適正な価額であるかどうかを判断する

売買価額による申告をする場合は、その価額が適正であることが大前提となります。

しかし、「納税資金確保のために売り急いだ」「親族などに売却した」などの事情がある場合、売買価格は適正なものといえない場合があります。申告にあたっては、類似した他の土地の取引事例と比較したり、不動産鑑定士の適正価格意見書を資料として添付するなどの準備が必要となるでしょう。

KEYWORD
時価（じか）
相続財産の価額は、時価によるものとされている。時価とは相続発生時に、それぞれの財産の現況に応じ、不特定多数の当事者間で自由な取引が行われる場合に成立すると認められる価額をいう。

CASE 1　不動産が分けられない中村さん

節税額 6277万円

駐車場を地積規模の大きな宅地として評価を下げた

依頼者：中村さん（50代男性）・会社員

相続財産	4億6063万円
債務・葬式費用	506万円

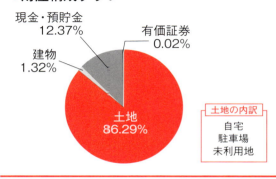

●財産構成グラフ
現金・預貯金 12.37%
有価証券 0.02%
建物 1.32%
土地 86.29%

土地の内訳
自宅
駐車場
未利用地

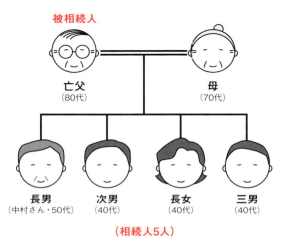

被相続人
亡父（80代）／母（70代）

長男（中村さん・50代）　次男（40代）　長女（40代）　三男（40代）

（相続人5人）

相続人① 母親の生活費を減らしたくない

　中村さんの父親は、30代のとき独立し、土地を購入して建築資材の販売会社を経営していました。仕事は順調でしたが、建築業界の景気はしだいに悪化してきて、経営が厳しくなってきたため、父親は会社を整理し、貸駐車場にしました。

　父親の土地は400坪あり、駅や公共施設に近い立地ですので、その周辺には商店や会社が集まっています。そこで、父親は月極駐車場ではなく、時間貸し駐車場として経営することを考えました。その結果、順調な経営ができていました。

　バブル経済の頃から、建築会社の営業マンが頻繁に来ては、マンションの建築を勧めてきました。しかし、中村さんの父親は節税対策には理解を示さず、節税はできていません。

　父親が亡くなったときに負債はないものの、財産の大部分が不動産で現金は多くありません。相当な相続税がかかることを覚悟しているものの、駐車場の収入が母親の生活費になるため、できるだけ減らしたくないのが希望です。また、遺言書がないためきょうだい間での遺産分割協議も必要です。

相続コーディネーター② 自宅は中村さんと母親の共有とする

　駐車場の400坪は、店舗にもなる立地です

長男と母が不動産を共有して相続

対策前の課税価額　4億5557万円
相続税　9367万円

評価

駐車場 400坪
規模格差補正率評価
6594万円の評価減
⇒1979万円の節税

自宅
小規模宅地等の特例
4032万円の評価減
⇒1210万円の節税

現金 → 次男・三男

共有 長男・母
自宅と駐車場を共有し、母親の相続財産の割合を50%とする

長女

※広大地評価ができていたときの節税額
7675万円
増税額
1398万円

対策後の課税価額　3億4931万円
相続税　6180万円
配偶者の税額軽減（50%）⇒3090万円
納税　3090万円
節税額 6277万円

が、周辺には住宅も多く、ビルや工場がある立地ではありません。二方の道路に面していますが、面積が大きく、道路負担が必要になる地形のため、地積規模の大きな宅地の評価ができると判断し、適用しました。

● **母親の割合が50%になるように調整**

自宅と駐車場の両方を母親名義にすると母親の相続する割合が50%を超えてしまうため、両方とも同居する長男の中村さんと母親の共有として、調整しました。

母親には自分の預金があるので、父親の現金は長男以外の子どもたちが相続することとし、分割の合意は得られました。

二次相続までに母親の節税対策をする必要がありますので、中村さんが中心となり、土地活用をすることも提案しました。

CASE 2 農業を継ぐ者がいない鈴木さん

節税額 3034万円

農地に地積規模の大きな宅地の評価をして納税額を減らした

依頼者：鈴木さん（40代女性）・主婦

相続財産	2億8327万円
債務・葬式費用	335万円

● 財産構成グラフ

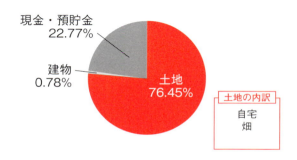

現金・預貯金 22.77%
建物 0.78%
土地 76.45%

土地の内訳
自宅
畑

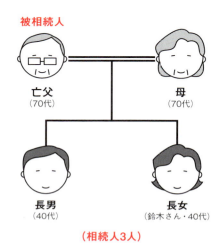

被相続人
亡父（70代） ― 母（70代）
長男（40代）　長女（鈴木さん・40代）
（相続人3人）

相続人　農業は継続できず、納税が心配

　鈴木さんの父親は祖父から相続した土地を活かして、農業と貸家業を営んでいました。

　長女である鈴木さんは他県に嫁いで生活しており、長男も仕事の関係で全国各地での転勤を繰り返しています。そのため、両親は2人暮らしで、農業も2人だけで取り組んできました。

　父親はそれまで大病をしたことがなく、普段から元気でしたので、相続はまだまだ先のことと思っていたのですが、あるとき、急に倒れて亡くなってしまいました。残された母親は、1人では農業を継続できず、2人の子どもも手助けはできそうにありません。

　鈴木家の財産は大部分が土地であり、相続税がかかるとしても納税できる現金が少ないという状況です。農地は生産緑地にしてきましたが、農業を継ぐ者がおらず、農地の納税猶予（86ページ参照）を受けるための営農要件も満たせそうにありません。

　鈴木さんとしては、できるだけ節税したいという気持ちです。

相続コーディネーター　地積規模の大きな宅地の評価を適用する

　鈴木家が所有している土地のうち、生産緑地に指定している田んぼは1000㎡以上あります。地形は一方路地で奥行きが長く、宅地

地積規模の大きな宅地の評価・宅地造成費減額をする

対策前の課税価額　2億7992万円
相続税　5017万円

評価

1000㎡以上

生産緑地に指定している田んぼ

規模格差補正率による評価
1552万円の評価減
⇒543万円の節税

宅地造成費
230万円の評価減
⇒58万円の節税

畑

評価　小規模宅地等の特例　1223万円の評価減　⇒305万円の節税

対策後の課税価額　2億4987万円
相続税　3965万円
配偶者の税額軽減（50％）⇒1983万円

納税　1983万円

節税額 3034万円

※広大地評価ができていたときの節税額
3907万円
増税額
873万円

造成するには道路を通さなくてはなりません。周辺も高層住宅などがない一戸建ての住宅地であるため、地積規模の大きな宅地の評価を採用することが適していると判断できました。

また、一部の畑は地盤面が道路より50cmほど下がっており、宅地として利用するためには土盛りをするなどの造成をしなければならないため、造成にかかる費用を算定して評価減を行いました。

● **相続した預金を納税資金に充てる**

農地の納税猶予を受けると納税額は減らせますが、2人の子どもは農業を継続できないため、今回は、相続した預金を納税資金に充てるようにしました。

母親が相続した割合が大きいため（配偶者の税額軽減により1億6000万円まで無税適用）、今後、二次相続に向けた生前対策が必要になります。

● 075

CASE 3 母親独自の財産もある伊藤さん

節税額 4775万円

母親は相続せず、土地の評価で税負担を軽減

依頼者：伊藤さん（50代男性）・会社員

相続財産	4億1244万円
債務・葬式費用	514万円

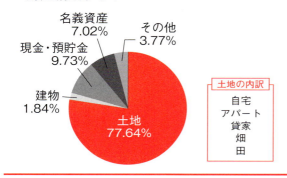

● 財産構成グラフ
- 名義資産 7.02%
- その他 3.77%
- 現金・預貯金 9.73%
- 建物 1.84%
- 土地 77.64%

土地の内訳
自宅
アパート
貸家
畑
田

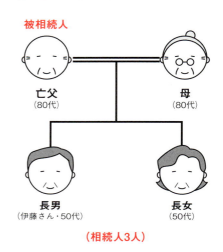

被相続人
亡父（80代） ― 母（80代）
長男（伊藤さん・50代）　長女（50代）
（相続人3人）

相続人　農地を守り、できるだけ節税したい

伊藤さんの父親は農家の長男として農業を継続してきました。周辺は宅地化が進み、農地の周辺は住宅が立ち並んでいますが、先祖から引き継いだ農地を守るというのが父親の信条でした。貸家やアパート経営もしていますが、土地を売ったお金で建てており、頑固な父親は、それ以上はいくら勧められても節税対策をしようとはしませんでした。

おかげで負債はありませんが、いざ相続が起こると莫大な相続税がかかるのではないかと不安を抱えています。

母親は祖父と養子縁組をし、祖父が亡くなったときに土地を相続しています。父親の相続では、配偶者の税額軽減を使えば母親が無税になることは知っていますが、母親の財産が大きいため、多くの財産を母親が相続すると、次の相続が大変ではと不安です。

伊藤さんは長男として農業を継続して土地を守る覚悟ですが、姉には現金を分けたいと考えており、できるだけ節税したいという希望もありました。

相続コーディネーター　母親が相続しないで、子どもだけで相続する

父親の財産だけでなく、母親の財産も合わせて現地確認をすると、ほぼ同じくらいであることがわかりました。母親が父親の財産を

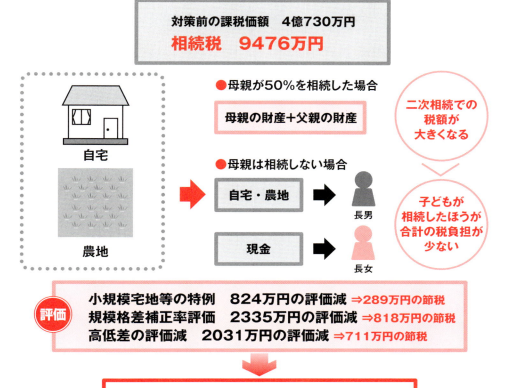

相続すると、特例により半分までは相続税がかかりませんが、シミュレーションをした結果、母親の相続時（二次相続）の税額が大きくなり、トータルでの納税額が増えてしまうことがわかりました。

そこで、今回、母親は財産を相続せず、2人の子どもが相続することにしました。農業を承継する長男が全部の不動産を相続し、嫁いだ長女は現金の半分を相続します。

● 高低差による評価減などで負担を減らす

次に節税方法として、税理士、不動産鑑定士の協力で農地3カ所は地積規模の大きな宅地の評価を適用しました。また、道路より2mほど低くなっている農地については、高低差による評価減を行うようにしました。

地積規模の大きな宅地の農地は生産緑地として営農します。納税猶予を受けて、納税の負担を減らし、活用を進める予定です。

CASE 4 納税資金が足りない加藤さん

駐車場に地積規模の大きな宅地の評価をし、土地売却で納税

節税額 3087万円

依頼者：加藤さん（40代男性）・自営業

相続財産	6億747万円
債務・葬式費用	2967万円

●財産構成グラフ

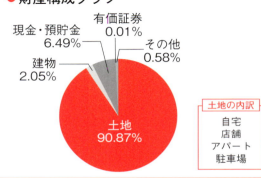

現金・預貯金 6.49%
有価証券 0.01%
建物 2.05%
その他 0.58%
土地 90.87%

土地の内訳
自宅
店舗
アパート
駐車場

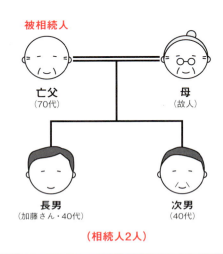

被相続人
亡父（70代）／母（故人）
長男（加藤さん・40代）／次男（40代）
（相続人2人）

相続人　納税資金の捻出と節税を図りたい

　加藤さんの父親は、戦後、親から相続した自宅で食品問屋を始め、夫婦で朝早くから働いてきました。おかげで店は繁盛し、学校を卒業した長男の加藤さんも手伝うようになりました。
　次男は会社員として独立しましたので、家を継ぐ加藤さんが父親の商売を引き継ぐことで、家族の合意ができていました。
　お店が繁盛し、金銭的な余裕が出ると、父親は自宅近隣の不動産を購入し、駐車場やアパートを建てるようになりました。結果、自宅の他に4カ所も不動産を所有していました。
　それ以上に土地活用をしないかとずいぶん勧められましたが、父親は借り入れすることをよしとせず、亡くなったときに負債はありません。母親が先に亡くなっているため、配偶者の税額軽減の特例が使えませんし、納税に足りる現金がありません。納税資金は土地を売却して捻出するつもりですが、できるだけ節税したいと考えました。

相続コーディネーター　地積規模の大きな宅地の評価と小規模宅地等の特例を適用させる

　所有地の中で、砂利敷きの駐車場は500㎡以上あります。角地ですが、一部を売却したためL字の地形となり、奥行きが40mほどあります。周辺が一戸建て住宅ですので、地積規模の大きな宅地の評価が適用できると判

自宅・駐車場の評価減を実現

対策前の課税価額　5億7780万円
相続税　1億8711万円

【評価】

小規模宅地等の特例
4966万円の評価減
⇒**2235万円の節税**

規模格差補正率評価
4207万円の評価減
⇒**1893万円の節税**

自宅などの不動産　←　長男

納税資金は土地売却で捻出
4000万円　金融資産　等分

500㎡以上　駐車場　→　次男

次男の納税分を代償金として渡す

※広大地評価ができていたときの節税額 6871万円　増税額 3784万円

対策後の課税価額　5億921万円
相続税　1億5624万円

納税　1億5624万円

節税額　3087万円

断しました。

　税理士の評価だけでなく、不動産鑑定士にも土地の規模格差補正率を算出してもらい評価に間違いがないか確認して算出するようにしました。

　遺言書がありませんでしたので、申告期限までに分割協議を済ませ、小規模宅地等の特例を適用しました。

　父親の商売を継いだ加藤さんが自宅を相続することについて次男は異論がないため、地積規模の大きな宅地の評価を適用した駐車場を次男に、他の不動産は加藤さんに、金融資産は等分にしました。

●**次男の納税分を代償金とする**

　納税については、長男が相続した土地を売却し、2人分の相続税を納税することも合意ができました。次男の納税分は、長男から次男への代償金としました。申告期限前に売却も終わり、予定どおりに節税と納税ができました。

CASE 5 対策済みでも負担感がある佐々木さん

節税額 4382万円

1000㎡以上の土地3カ所を地積規模の大きな宅地の評価

依頼者：佐々木さん（50代男性）・会社員

相続財産	9億1358万円
債務・葬式費用	5億4844万円

● 財産構成グラフ

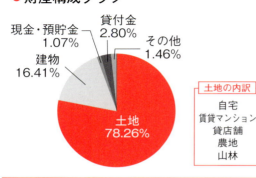

現金・預貯金 1.07%
建物 16.41%
貸付金 2.80%
その他 1.46%
土地 78.26%

土地の内訳
自宅
賃貸マンション
貸店舗
農地
山林

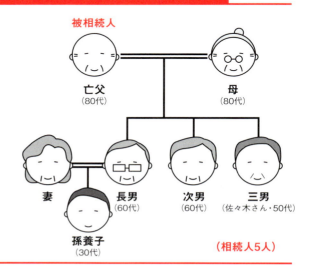

被相続人
亡父（80代）＝母（80代）

妻 — 長男（60代）／次男（60代）／三男（佐々木さん・50代）
孫養子（30代）

（相続人5人）

相続人：できるだけ不動産を節税したい

佐々木家は代々の資産家です。父親は長男として家を継ぎ、祖父から相続した土地を活かし、建築会社と運送会社も創業して、幅広く事業を展開してきました。また、地方議会の議員にもなり、社会貢献もしてきました。

そうしたことから、長男と次男は早くから父親の会社に入り、忙しい父親の代わりに会社経営。数年前に、株も2人の子どもに譲渡し、法人の継承は終えました。

父親の相続に際し、財産の大部分が不動産で、現金は会社に貸し付けしているため納税できる現金が残っていないことが大きな不安材料となりました。土地はほとんど活用しており、売却できないという事情もあります。節税対策として賃貸住宅を建ててきましたが、それでもまだ相続税がかかりそうです。

長男が会社の顧問税理士に相談しても、節税のノウハウがなさそうだということです。

相続コーディネーター：地積規模の大きな宅地の評価を適用し評価額を下げる

佐々木さんの父親が所有していた土地は地方都市にあり、地積規模の大きな宅地の要件は1000㎡です。自宅、会社が使用している土地、市街化区域にある畑の3カ所が該当しており、現地調査をしたところ、周辺は住宅地であり、地形も道路負担が必要で、3カ所

地積規模の大きな宅地の評価で減額、納税負担を軽くした

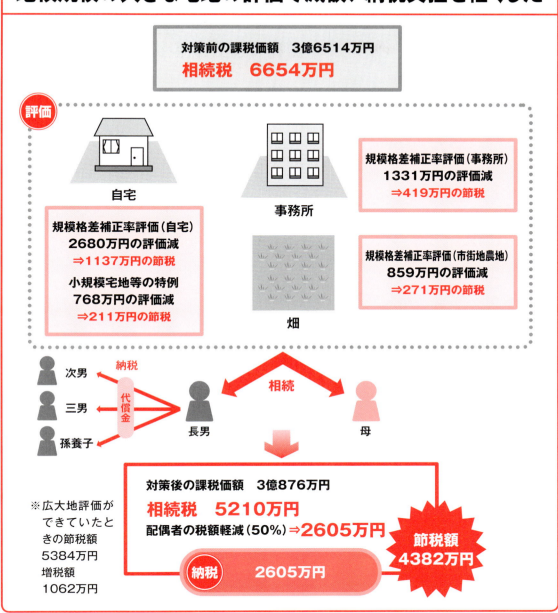

　とも地積規模の大きな宅地の評価を適用することが妥当だと判断できました。更地ではなく、自宅や事務所が立っていても、住宅地にある地積規模の大きな宅地の適用ができます。
　小規模宅地等の特例は、自宅と賃貸住宅用地を比較し、減額が大きい自宅に適用しました。貸付金を相続した長男が会社から返済してもらうことで資金化し、納税資金にしました。佐々木さんを含め他の相続人には長男から代償金を支払うようにし、全員の納税を済ませました。財産の半分を相続した母親の二次相続もありますが、地積規模の大きな宅地の評価ができることがわかり、土地評価が下がったため、相続税の負担も想定できています。

CASE 6　貸地の収益性が悪い森さん

節税額 3199万円

建売用地として貸地を売却し、時価申告をした

依頼者：森さん（50代女性）・会社員

相続財産	2億7770万円
債務・葬式費用	3133万円

● 財産構成グラフ

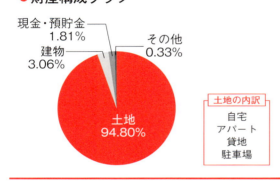

土地の内訳
自宅
アパート
貸地
駐車場

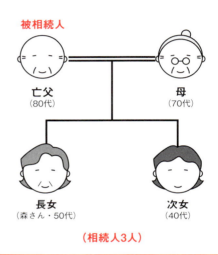

被相続人
亡父（80代）
母（70代）
長女（森さん・50代）
次女（40代）
（相続人3人）

相続人　相続税を払う資金的な余力がない

　森さんの父親は祖父から土地を相続し、不動産賃貸業をしてきました。けれども自宅と隣接するアパートと駐車場以外は貸地で、土地全体の7割を占めています。貸地は300坪の土地に15軒の家が立っており、分筆もしておらず、利用区分も明確になっていないところもあります。

　代々の土地持ちといえますが、祖父の代より貸しているため、地代も安く、固定資産税を払うのに苦慮しているような状態で、とても相続税を払う余力はありません。

　父親が亡くなったことで相続税の申告が必要になりますが、まとまった預金がないため、できるだけ節税をして相続を乗り切りたいと相談に来られました。納税資金の捻出のためには貸地を売却するしかないと家族では話をしています。

相続コーディネーター　貸地を売却し、時価申告する

　財産の大部分が不動産であるため、土地の評価で下げるように、現地調査は綿密に行いました。特に貸地は境界がなく、入り組んだ使い方になっているため、個々の利用図を作成して不整形地の評価をすることで、想定した評価よりも下げることができました。

　しかし、貸地を個々に売却するとなると時

間がかかるだけでなく、道路の問題などでそのままでは建て直しができない区画があり、難しいという判断をしました。

そこで、建売用地として不動産会社に売却することにしたところ、路線価評価を下回る価額となるため、申告期限内に契約するようにし、時価申告をしました。

● 譲渡税の節約も実現

相続税評価額で1億円のところ、売却価格は6000万円となりました。相続税は703万円の節税となり、譲渡税も節税できました。

相続のタイミングを逃していたら相続税と譲渡税で1000万円以上も税負担が多くなったといえます。

COLUMN 3
相続税節税の豆知識

不動産で節税できる
できれば生前に対策をしておきたい

土地を持ち続けても財産は増えない 税金は減らない

　今までは、「多くの土地や現金を所有して、減らすことなく次世代へ継承させることが資産家だ」とされてきましたが、これからの時代は、意識改革が必要になりそうです。不動産と現金を考えると、今までは土地神話の時代が長く、高金利の時代もあり、土地や現金をもっているだけで価値が増えるのが当たり前でした。

　ところが、バブルが崩壊して長らく経済は低迷したまま、低金利で借りやすくなりましたが、それだけに預金の利息は年利0.025％で全く期待できません。持ち続けた財産が増えることはなく、対策をしなければ相続で減ってしまう時代になったことを認識しなければなりません。それだけに、今までの財産のイメージをうち捨てなければなりません。今や、持ち続けることや貯めて眠らせておくのが財産ではなく、「形を変えて活用し、収益をあげながら維持するのが財産」なのです。

不動産の形をかえて節税する 相続プランをたてる

　不動産は現地調査をして評価し、金融資産も合計した財産評価を出します。次に、家族状況と財産のバランスを考慮して、節税対策や分割対策など前向きな相続対策の提案書を作成します。相続対策は、主に負担になる不動産や眠らせている現金を活用することをご提案していきます。財産の形を変えて、評価を下げることで節税効果を出しながら、収益を上げることで財産を維持しやすくし、分けやすくすることも考えます。

　「オーダーメード相続プラン」は、主に次の内容で構成し、ご提案します。

○**事前準備**　①相続相談、カウンセリング　②相続人の確認、状況の確認、把握をする　③財産の確認、現地調査、評価、課題整理をする

○**感情面の対策**　①分けられる財産にする　②遺産分割を決めて遺言書をつくる

○**経済面の対策**　①分割金、納税資金を確保する　②積極的な節税対策をする

POINT
▽駐車場では節税にならない・・・建物を建てないと評価は減らない
▽余分な土地は持てない時代・・・空き地には税金が負担
▽空室だと節税できない・・・満室経営が節税になる
▽借金しなくても節税対策はできる・・・資産組み替えという方法

第3章

納税のときにできる節税策

● 納税猶予の制度を活用

農業を続けるときは納税猶予を受けられる

ココに注意！

1. 相続で農地を取得し、農業を継続する場合は納税猶予の特典を受けられる。
2. 一定の条件を満たせば、納税が免除される場合もある。
3. 休耕地、採草放牧地および準農地も猶予の対象となる。

農地には納税猶予と免除の特典がある

　農家のなかには、農業を続けたいという意思を持ちながら、相続税を納税するためにやむなく農地を手放さざるを得ないケースもみられます。

　こういった農地の保護や農業後継者の育成を目的として、農家には農地等の納税猶予という特典が設けられています。これは、相続人が相続によって農地を取得し、農業を継続する場合、一定の条件のもと、農地にかかる相続税の納税が猶予されるというもので、次の①〜③のいずれかに該当した場合に納税が免除されます。
①農業相続人が死亡した場合。
②申告期限後20年間農業を継続した場合。
③農地の全部を農業後継者に一括生前贈与し、贈与税の納税猶予の特例を受ける場合。

　ただし、免除前に納税猶予の適用を受けている農地の面積の20％を超える部分を譲渡したり、宅地等に転用したりした場合は、納税猶予は打ち切られ、利子税をつけて納税しなければなりません。

　こうした条件を考慮し、将来を見据えた上での慎重な選択が必要といえます。

採草放牧地や準農地、休耕地も対象となる

　納税猶予の対象となる農地は、以下のとおりです。
①肥培管理（施肥、水やり、害虫の駆除などを総合的に管理すること）している土地。
②植木畑の場合は、植木を育成する目的で苗木を植栽し、かつ、その苗木の育成について肥培管理を行っている土地。
③現在は耕作されていないものの、耕作しようと思えばいつでも耕作できるような土地（休耕地）。

　採草放牧地および準農地も含まれますが、三大都市圏の特定市の市街化区域内の農地は、生産緑地の指定を受けた農地以外は、納税猶

納税猶予を受けると大幅な節税に

被相続人の要件
原則、死亡の日まで農業を営んでいること
（病気などの理由で同居の生計を一にする親族が営んでいる場合も可）

農地等の要件

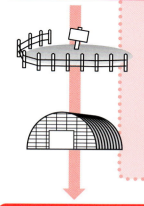

該当する農地
- 肥培管理している土地
- 植木畑の場合は、植木を育成する目的で苗木を植栽し、かつその苗木の育成について肥培管理を行っている土地　など

該当しない農地
- 家庭菜園
- 農作業の敷地
- 温室の敷地（その土地を農地の状態のまま耕作を継続している場合を除く）

農業相続人の要件
①相続人であること
②申告期限までに農業経営を開始すること

遺産分割の要件
相続税の申告期限内に、遺産分割協議または遺言により相続が確定すること

予の対象になりません。また、生産緑地の指定を受けた農地は、前述の①または③の場合にしか猶予税額の免除は受けられなくなりますので注意が必要です。

また、農地等の納税猶予を受けるためには、相続税申告書の提出期限までにその農地を取得し、かつ農業経営を開始するなどの要件を満たす必要があります。このため、申告期限までに相続人で遺産分割協議を終えることが必要です。

KEYWORD
準農地（じゅんのうち）
農用地区域内の山林、原野等で、農地または採草放牧地に開発して利用することが適当であるとして、市区町村長が証明した土地のこと。

●取得費加算の特例を利用

3年以内に土地や建物を売却すると節税できる

ココに注意！

1. 土地や建物を売却して納税する場合、譲渡所得税が軽減される特例がある。
2. 「相続開始日の翌日から申告期限の翌日以後3年」が特例を受けられる譲渡の期限。
3. 納税が必要な相続人が取得することで特例が適用できる。

譲渡所得は取得費加算の特例を活用する

　納税資金を作るために、土地や建物などを売却する方法があります。しかし、土地や建物などの不動産を売却する際には、売却益に対して譲渡所得税、住民税が課税されるという原則があります。不動産の売却益に課税されるとなると、手取り額が少なくなり、相続税の納税を控えた相続人にとっては負担です。

　そこで、相続により取得した土地、建物、株式などを、一定期間内に売却した場合には、相続税額のうち一定金額を譲渡資産の取得費に加算することができる特例があります。つまり、実質的に売却時の税金を少なくできるわけです。この特例は「取得費加算の特例」といい、譲渡所得のみに適用があります。

特例の要件と加算する相続税の額

　特例を受ける要件は、次のとおりです。

①相続や遺贈により財産を取得した者であること。
②その財産を取得した人に相続税が課税されていること。
③その財産を、相続開始のあった日の翌日から相続税の申告期限の翌日以後3年を経過する日までに譲渡していること。

　また、取得費に加算する相続税の額は、次のイおよびロで計算した金額の合計額、またはハの金額のいずれか低い金額となります。

イ　土地等を売った場合／土地等を売った人にかかった相続税額のうち、その者が相続や遺贈で取得したすべての土地等に対応する額。

ロ　土地等以外の財産（建物や株式など）を売った場合／土地等以外の建物や株式などを売った人にかかった相続税額のうち、譲渡した建物や株式などに対応する額。

ハ　この特例を適用しないで計算した譲渡所得の金額。

土地売却のタイミングによる税額の違い

相続税額 3000万円

相続財産
土地（非居住用） 8000万円
預金 4000万円

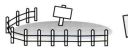

売却額 9000万円

① 3年以内に売却

取得費加算額 2000万円

相続税
= 3000万円 × $\dfrac{8000万円}{1億2000万円}$

譲渡所得税 1310万円

売却額　取得原価5%
= (9000万円 − 450万円 − 2000万円) × 税率20%

取得費加算

② 3年経過後に売却

譲渡所得税 1710万円

売却額　取得原価5%
= (9000万円 − 450万円) × 税率20%

② 1710万円 − ① 1310万円 = **400万円の節税**

納税が必要な相続人が土地を取得する

　ここでいう土地等には、相続時精算課税の適用を受けて相続財産に合算された贈与財産である土地等や、相続開始前3年以内に被相続人から贈与により取得した土地等が含まれます。

　相続が発生したときに棚卸資産や準棚卸資産だった土地や、物納した土地および物納申請中の土地などは含まれません。

　よって、相続税の納税のために土地を売却する場合は、相続税の納税が必要な相続人が取得することで、この特例を適用でき、譲渡税の節税につながります。

　また、納税が不要な配偶者や相続人が土地を取得し、売却しても、特例を適用することはできませんので、遺産分割時には、納税額と売却予定を視野に入れて遺産分割をするようにします。

KEYWORD
相続時精算課税（そうぞくじせいさんかぜい）
贈与によって財産を取得した場合に、価額の累積が2500万円以下であれば贈与税が無税となり、2500万円を超える場合は超えた部分の20％を贈与税として納税する制度。65歳以上の親から20歳以上の子どもへの贈与が対象となる。相続のときに、それまでの贈与税を精算して、相続税を納税するものであり、いわば相続税の仮払いといえる。

● 贈与税を回避して納税

立て替え納税をせず、相続したほうが税金がかからない

ココに注意！

1 ある相続人が他の相続人の分も納税すると、贈与があったものとみなされる。

2 贈与には贈与税が課され、年間の基礎控除額は110万円までとなっている。

3 相続税納税分にも贈与税が課税され、二重払いとなる。

次男の相続税を長男が立て替えるとどうなる？

相続の現場では「不動産など財産を多く相続する相続人が、他の相続人の納税もする」という条件を出すケースがよく見られます。

たとえば、家を継ぐ長男が、不動産などの大部分の財産を相続し、次男には現金を渡すといった遺産分割をした場合で考えてみましょう。

次男は現金5000万円を相続し、長男はそれ以外の全財産2億円を相続します。このケースでは4000万円の相続税が課され、財産の80％を相続する長男には3200万円、20％を相続する次男には800万円の相続税が課税されます。

「次男の相続税は長男が納税する」として、次男が負担すべき800万円の相続税を長男が立て替えることも現実にはよくあるのです。これにより、次男は5000万円を丸々受け取ることができます。

しかし、この方法では、長男から次男への贈与があったとみなされ、贈与税が課されることになります。贈与税とは、人から贈り与えられた財産に対して課される税金です。

贈与税は1月1日から12月31日までの1年間に贈与された財産の合計額に課税されます。贈与税の基礎控除額は年間110万円であり、800万円の贈与を受ける次男は、贈与税を課されることになります。贈与税を計算すると151万円となります。

800万円 − 110万円（基礎控除額）= 690万円。690万円 ×40％（税率）− 125万円（速算表控除額）= 151万円。

納税分も次男が相続することで課税を回避

このままでは贈与税が課税され、次男の手取り額が減るため、贈与税を課されない方法を選択する必要があります。

贈与税を納税せずに次男が5000万円を受け取るには、遺産分割上、納税分も次男が相

贈与税を回避して相続する

次男の相続税を長男が納税する場合

土地、建物など2億円を相続
↓
3200万円の相続税
＋
次男の納税額800万円を負担

現金5000万円を相続
↓
800万円の相続税を
長男が納税すると
↓
151万円の贈与税が発生
↓
4849万円が手元に残る

納税分も次男が相続する場合

土地、建物など1億9000万円を相続
↓
3040万円の相続税

現金6000万円を相続
↓
960万円の相続税
↓
**5040万円が手元に残る
贈与税はゼロに**

続することです。納税分も考慮した上で、次男は6000万円を相続すると、納税は960万円、納税後に手元に残るのが5040万円となります。

こうすることで、次男は相続した財産で納税でき、贈与には該当しません。これが贈与税を課されない方法となります。

次男の納税が増えますが、長男の相続税が3040万円になり、余分な贈与税も発生しません。

KEYWORD
贈与（ぞうよ）
人から贈り与えられた財産のこと。贈与には「生前贈与」と「死因贈与」があり、前者は存命中に贈与すること、後者は生前の取り決めを死後になって履行すること。

● 延納を選択して納税

延納するなら返済原資を確保しておく

ココに注意！

1. 申告期限までに現金で納付できない場合は、分割して年賦で支払う「延納」という制度がある。
2. 相続で取得した財産だけでなく、相続人が持っていた財産なども延納の担保にできる。
3. 延納する場合、利子税の納税が必要になるので、返済額の捻出は慎重に検討すべきである。

現金で納付できないときは延納という方法がある

相続税は、申告期限までに現金で一括して納付することが原則です。期限内に納税できないと年14.6％（2カ月以内は4.3％）の「延滞税」が課されてしまいます。しかし、相続財産が不動産や同族株式の場合などは、現金化に時間がかかり、現金で納税するのが難しいケースも考えられます。

そこで「延納」を選択肢にしてもよいとされています。延納とは、相続税を分割して最長20年の年賦で支払う方法です。

延納の許可を受けるためには、以下のすべての要件を満たさなければなりません。
① 相続税が10万円を超えること。
② 金銭で納付することを困難とする事由があり、かつ、その納付を困難とする金額の範囲内であること。
③ 延滞税および利子税の額に相当する担保を提供すること。なお、延滞税額が50万円未満で、延納期間が3年以下である場合、担保は不要。
④ 延納しようとする相続税の納付期限または納付すべき日（延納申請期限）までに、延納申請書に担保提供関係書類を添付して税務署長に提出すること。

延納には担保が必要になる

延納の担保として提供できる財産の種類は、次に挙げるものに限られます。
① 国債および地方債
② 社債その他の有価証券で税務署長が確実と認めるもの
③ 土地
④ 建物、立木、登記された船舶などで保険に附したもの
⑤ 鉄道財団、工場財団などの財団
⑥ 税務署長が確実と認める保証人の保証

なお、相続人固有の財産や、共同相続人または第三者が所有している財産でも担保とし

延納には返済原資が必要

延納の要件

① 相続税が10万円を超えること
② 金銭での納付が困難なこと
③ 担保を提供すること
④ 税務署に期限までに申請すること

延納による返済のリスク

延納を選択した場合、 分割した相続税 ＋ 利子税 を納付しなければならない

[返済原資の例]

① 給与所得
- 相当な収入が必要
- 失業したら返済できなくなる

② 賃貸収入
- 空室が出ると収入が確保できない
- 家賃が下落するおそれがある

→ リスクに備え返済原資を慎重に検討しておく

返済のリスクに備えておくことが大切

て認められます。

延納する場合には、分割した相続税に加えて、ローンの利息に相当する「利子税」を納付しなければなりません。

たとえば、1億円の相続税を延納した場合、利子税がかかるだけでなく、相続税の元本も合わせると年間600万円ほどの返済が必要になります。

しかも20年間の返済が必要となるわけですから、返済額をどの収入から捻出するかは、事前に十分検討しておくことが大切です。

仮に賃貸事業の家賃収入から充てようということであれば、家賃の下落や空室があると、他から補填しなければなりません。20年間の長丁場に柔軟に対応できるよう、リスクに備えておく必要があるでしょう。

KEYWORD
担保（たんぽ）
債務が履行されない場合に備えて設定しておく手段。一般に特定の財産を担保とする「物的担保」と、債務者以外の第三者の財産を担保とする「人的担保」の2種類がある。

● 物納を選択して納税

最後の手段として物納を考える

ココに注意！

1. 現金で納付できない場合は、有価証券や土地などで納税する方法が認められている。
2. 物納できる財産には順位があり、上位の財産がない場合に、下位の財産を物納する。
3. 物納できる財産の順位には変動があり、上場株式等が第一順位になった。

有価証券や土地などで納税する方法がある

延納を選択したくても金銭による納付が困難な場合は、有価証券・土地などで納税する方法が認められています。これを「物納」といいます。

物納が許されるのは、相続または遺贈によって取得した財産に限られています。物納する場合、収納価額は相続税評価額となります。物納を利用するための要件は以下のとおりです。

①延納を選択しても金銭で納付することを困難とする事由があること。
②物納できる財産があること。
③申告期限までに税務署長に申告すること。
④物納しようとする財産が、物納不適格財産に該当しないこと。

共有財産や係争中の財産、抵当権がついている財産は物納できません。

なお、延納の申請が認められた相続税について、延納期間内の納付が困難な場合には、申告期限から10年以内に限り、延納から物納への変更をすることが可能です。これを「特定物納」といいます。

上場株式等が第1順位に格上げされた

平成29年に改正が行われ、物納できる財産の順位と財産の範囲が変わりました。これまで物納順位が第2順位であった「社債及び株式等の有価証券の金融商品取引所に上場されているもの等」が第1順位となりました。

これまで物納できなかった有価証券でも、「金融商品取引所に上場されているもの等」は第1順位で物納できるようになりました。

≪第1順位≫
①不動産、船舶、国債証券、地方債証券、上場株式等
②不動産及び上場株式のうち物納劣後財産に該当するもの

≪第2順位≫

現金で納付できない場合は物納ができる

期限内に一括納付できない

①延納を選択しても金銭で納付することを困難とする事由があること。
②物納できる財産があること。
③申告期限までに税務署長に申告すること。
④物納しようとする財産が、物納不適格財産に該当しないこと。

物納することが可能

物納できる財産

第1順位	第2順位	第3順位
国債・地方債・不動産・船舶・上場株式等	非上場株式等	動産

③非上場株式等
④非上場株式のうち物納劣後財産に該当するもの
≪第3順位≫
⑤動産
※相続開始前から被相続人が所有していた「特定登録美術品」は、上記の順位による

不動産を残して上場株式等で物納ができる

改正前までは、第1順位である不動産等がある場合は、第2順位の上場株式等では物納することはできませんでしたが、上場株式等が第1順位に格上げされたことにより、不動産等を全部残して上場株式等で物納することもできるようになりました。

相続開始後に株価が暴落してしまった場合でも、相続開始時の相続税法評価額で物納することが可能です。また、含み益のある上場株式等を物納する場合は、売却した場合に負担となる譲渡税や手数料等が一切かからないので、その分有利となります。

KEYWORD

物納不適格財産（ぶつのうふてきかくざいさん）
売却ができなかったり、維持費がかかったり、管理が困難な財産のこと。境界が明らかでない土地や、耐用年数が経過している建物、公の秩序、善良の風俗を害するおそれがある目的に使用されている不動産などが該当する。

特定登録美術品（とくていとうろくびじゅつひん）
①わが国の重要文化財や国宝に指定されている作品、②世界文化の見地から歴史上、芸術上または学術上特に優れた価値を有する作品、の条件を満たし、登録された美術品。

● 納税後にできる更正の請求

納税してからでも相続税は取り戻せる

ココに注意！

1 更正の請求で申告を訂正すると、払いすぎた税金を還付してもらうことができる。

2 相続人のうち1人だけでも手続きできる。

3 申告時よりも相続に強い税理士に依頼して、更正の請求を行うという方法もある。

更正の請求で税金が還付される

これまでにも述べてきましたが、相続税の申告書を提出した後で、税額などを実際より多く申告していたことに気づいたときには、「更正の請求」をすることで、相続税の還付を受けることができます。

平成23年度の税制改正で、更正の請求ができる期間が、法定申告期限から5年（改正前は1年）に延長されました。

「更正の請求」が提出されると、税務署では調査によりその内容を検討します。納めすぎの税金があると認められた場合には、減額の更正を行い、相続税を還付することになります。税務署が減額の更正等の処分を行う場合には、更正の請求をした人にその内容を通知します。

修正申告書や期間後に申告書を提出した場合でも期限内であれば更正の請求を行うことができます。

相続税の申告は相続人全員で行うことが望ましいため、更正の請求も本来は相続人全員の合意があるほうがよいといえます。

しかしながら全員の合意が得られなくても、相続人1人だけでも更正の請求をすることはできます。

4カ月以内に更正の請求をする

以下のような場合は、更正の請求ができる期間が、そのことを知った日から4カ月以内となっています。
①申告後に遺産分割の話し合いがまとまり、申告額が多すぎたことが判明した場合。
②相続人の廃除、認知などがあった場合。
③遺留分の減殺請求があった場合。
④遺言書が発見された場合。

相続に強い税理士に依頼する方法も

相続の評価に不慣れな税理士は、不動産の

更正の請求をすると払いすぎた税金が戻ってくる

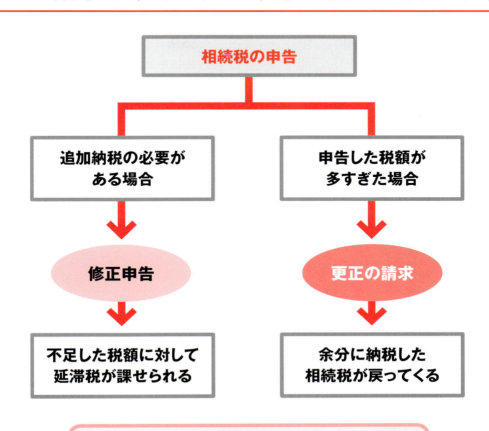

知識がないことが多く、ほとんど節税をしないまま申告・納税してしまうこともあります。その際は、評価をし直して更正の請求をすることで、相続税が還付されます。

特に相続財産の中に土地の占める割合が高かった場合や、宅地として利用しにくい土地があった場合などには相続税を納めすぎている可能性があります。

更正の請求を行うにあたっては、納税の際に依頼した当初の税理士ではなく、相続に強い税理士に替えることに手続き上の問題はありません。申告が終わって納税した後でも、相続税を還付してもらえるチャンスが残されているのです。

KEYWORD
遺留分の減殺請求（いりゅうぶんのげんさいせいきゅう）
遺留分は相続人に留保された、相続財産の一定の割合のこと。遺留分を侵害されている相続人は、その額について請求することができ、これを遺留分の減殺請求という。

● 税務調査への対応

税務調査に備えて相続に強い税理士に依頼しておく

ココに注意！

1 相続税申告後、1～2年の間に税務署の署員による税務調査が行われることがある。

2 税務調査では、被相続人の財産だけでなく、家族名義の預金なども調べられる。

3 税務調査のためにも相続税に強い税理士に依頼しておくのがベスト。

税務調査とはどのようなものかを知っておこう

相続税の申告書が提出されると、税務署ではその内容を確認しますが、その後、税務署員が相続人の自宅を訪問し、申告書の内容について実地の調査を行うことがあります。これを税務調査といいます。

相続税の税務調査は、申告後1～2年の間に行われるのが一般的です。また、法人税や所得税と比べても調査率が高くなっており、約30％の確率で行われています。相続財産が3億円以上の場合は、ほぼ全員について調査が入るとみてよいでしょう。

税務調査というと、税務署の職員が何の予告もなく訪れて、家の中の隠し財産を捜し回るというイメージを持つ人もいるかもしれません。

しかし、通常は申告を担当した税理士に税務署から電話があり、相続人の都合を確認して日時を決めてから自宅を訪ねてきます。

家族名義の預金通帳も調査対象になる

調査当日は、税務署の調査官2人が午前10時頃にやってきます。午前中は相続人の現在の状況や、被相続人の職業や趣味についての質問を受けます。

午後になると、財産に関する資料（権利書、預金通帳、保険証書、印鑑）などを確認しながら、調査を行います。金庫などに保管されている貴重品も確認します。

相続人が貸金庫を利用しているときは、調査官と同行して中身を確認します。また、不動産の現場を見ることもあります。

調査の対象は、被相続人だけでなく、相続人や同居家族の預金通帳にまで及びます。税務調査が行われることになった時点で、税務署では調査のポイントを絞っており、金融機関の調査などは、あらかじめ行われていると考えてください。

被相続人の財産を家族名義の預金通帳に移

税務調査のポイント

相続税の調査事績

| 申告漏れ　9930件 | 82.0% | その他 |

実地調査件数1万2116件

申告漏れ財産の種類と金額

- 現金・預貯金等　1070億円
- 土地　383億円
- 有価証券　535億円
- 家屋　56億円
- その他　1189億円

合計　3233億円

※国税庁「平成25事務年度における相続税の調査の状況について」より作成。事務年度は7月〜翌6月までの間。

税務調査のチェックポイント

1　預金通帳
家族名義の預金や財産の移し替えなどの計上漏れがないか

2　被相続人の趣味
ゴルフなどが趣味の場合、ゴルフ会員権などの有無

3　被相続人の手紙・手帳
申告外の金融機関への預金の存在がないかなど

第3章　【納税】のときにできる節税策

しているようなケースは、確実に指摘を受けますので注意が必要です。

申告漏れがあれば修正申告をする

調査の結果、申告漏れや計算の間違いなどがあれば、税理士を交えて再度確認をしていきます。確認が取れた後に、相続人は修正申告を行うことになります。

税理士に委託して申告をした場合は、税理士とともに税務調査に立ち合うことになります。税理士は相続人が不利にならないようにサポートをしてくれる大切な味方です。

ただし、ひとくくりに「税理士」といっても、会社の税務関係を専門とする人もいれば、個人の確定申告を得意とする人もいます。中には相続の申告をほとんど扱ったことのない税理士もいます。税理士だからといって、誰もが相続税に強いというわけではないのです。

したがって、相続にあたっては相続税に詳しい税理士に依頼するのが望ましい選択です。専門的な知識を持った税理士は、相続税の申告時だけでなく、税務調査のときもしっかり対応してくれます。

KEYWORD
名義預金（めいぎよきん）
家族の名義でありながら、実質的に被相続人の預金であるもの。名義預金は被相続人の財産とみなされ、相続税の課税対象となる。

CASE 1　土地を減らしたくない農家の渡辺さん

節税額 1億1903万円

地積規模の大きな宅地の評価と納税猶予を利用して節税

依頼者：渡辺さん（60代男性）・農業

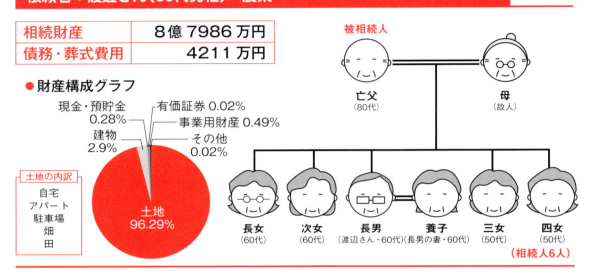

相続財産	8億7986万円
債務・葬式費用	4211万円

● 財産構成グラフ
- 現金・預貯金 0.28%
- 有価証券 0.02%
- 建物 2.9%
- 事業用財産 0.49%
- その他 0.02%
- 土地 96.29%

土地の内訳
- 自宅
- アパート
- 駐車場
- 畑
- 田

被相続人：亡父（80代）、母（故人）
相続人6人：長女（60代）、次女（60代）、長男（渡辺さん・60代）、養子（長男の妻・60代）、三女（50代）、四女（50代）

相続人　できるだけ土地を減らさず残したい

渡辺家は代々の農家で、父親も祖父から相続した農地を守ってきました。渡辺さんは5人きょうだいのただ1人の男子で、子どもの頃から実家の農作業を手伝ってきましたので、学校を卒業後、農業を選択しました。

他のきょうだいは姉と妹がいましたが、全員が家業は長男が継ぐものという認識でした。

渡辺さんの隣近所もみな農家ですので、渡辺さんの父親が特別多くの土地を所有しているとは思いませんが、市街化調整区域の農地も多く、評価が高いのではと懸念しています。

父親は慎重な性格で、アパートを1棟建てただけで、積極的な節税対策は行っていませんでした。渡辺さんは、代々の農業を継続していくにあたり、できるだけ土地は減らしたくないというのが本音です。

ただ、預貯金等の現金が少ないため、納税資金が賄えるかが不安材料でした。さらに、姉や妹には土地の代わりに現金を分けるつもりですが、やはり現金が少ないことに頭を悩ませていました。

相続コーディネーター　各種の評価減で節税を実現する

現地調査の結果、渡辺家の自宅は広いだけでなく、奥が斜面のため、評価減できました。自宅、駐車場、市街化調整区域の農地の3カ所

最小限の土地を売却し、納税資金に

対策前の課税価額　8億3775万円
相続税　2億670万円

【評価】

- 自宅：傾斜地のため不整形補正の評価減　290万円の評価減 ⇒116万円の節税
- 農地：規模格差補正率評価による減額　1億3760万円の評価減 ⇒5504万円の節税
- 畑　畑　売却 → 分割金 → 姉 姉 妹 妹

【評価】
- 小規模宅地等の特例　730万円の評価減 ⇒219万円の節税
- 時価評価による評価減　700万円の評価減 ⇒210万円の節税
- 生産緑地の評価減　1100万円の評価減 ⇒330万円の節税
- セットバックの評価減　32万円の評価減 ⇒9万円の節税

対策後の課税価額　6億7163万円
相続税　8767万円
農地納税猶予 ⇒5258万円
納税　3509万円

節税額　1億1903万円

※広大地評価ができていたときの節税額　1億8151万円　増税額　6248万円

姉と妹に渡す分割金と納税資金が必要であり、最小限の土地を売却するよう提案しました。小さくて耕作しづらい畑2カ所を候補として調査したところ、両方とも不整形地で斜面のため、路線価以下でしか売れないことがわかりました。そこで、申告期限前に売却、売買価格を時価として申告し、節税した上で、分割金と納税資金を捻出しました。

は地積規模の大きな宅地の評価を適用しました。

● 納税猶予を使い節税

さらに納税の負担を減らすために、農地は全部、納税猶予を受けるという選択を提案しました。渡辺さん夫婦は、これからも営農するということで決断しました。将来は子ども後を継ぐ意向であることから、農業の継続が可能と判断したからです。納税猶予の適用は終身営農が条件ですが、大きな節税になり、大部分の土地を残せるめどが立ちました。

CASE 2　土地を再評価して節税した木村さん

節税額 1億2173万円

地積規模の大きな宅地の評価・特例・納税猶予を組み合わせる

依頼者：木村さん（50代男性）・会社員

相続財産	5億7160万円
債務・葬式費用	378万円

● 財産構成グラフ

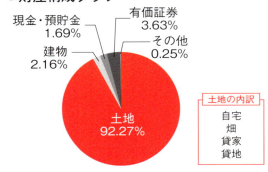

土地の内訳
- 自宅
- 畑
- 貸家
- 貸地

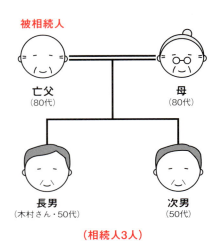

（相続人3人）

相続人　節税をして母親に現金を相続させたい

　木村さんの父親は、農業のかたわら大工としても働いてきました。農地と自分の仕事を活かして、40年ほど前から平屋の貸家を建てて、貸家業を営んできました。

　土地の一部を売却して、そのお金で建ててきましたので、亡くなったときに負債はありませんでした。

　父親が亡くなったとき、木村さんと弟は会社勤めをしており、思うように時間がとれなかったため、相続税の申告手続きは母親が窓口となり、進めることになりました。

　木村さんは両親と同居していますし、弟もすぐ近くの父親の土地に家を建てて住んでいますので、家族が集まることに不便はありませんが、依頼した税理士からは期待するような資料が送られてきません。

　木村家の財産の大部分が土地であり、納税できるほどの現金がありません。

　また、現金は母親が相続したいといっているため、できるだけ節税したいという気持ちでしたが、税理士は節税はできないというだけです。

　そこで、節税の相談に応じてくれる専門家を探して相談してみると、土地の評価をし直すことで節税できるということがわかり、最初に依頼した税理士を断り、依頼先を切り替えることにしたのです。

土地の大幅な評価減で節税する

対策前の課税価額　5億6782万円
相続税　1億5992万円

評価

- 畑：規模格差補正率評価による減額　6716万円の評価減 ⇒ 2854万円の節税
- 自宅：小規模宅地等の特例　1277万円の評価減 ⇒ 447万円の節税
- 貸宅地：不整形地による評価減　1億772万円の評価減 ⇒ 3770万円の節税

※広大地評価ができていたときの節税額　1億3032万円
増税額　859万円

対策後の課税価額　2億7943万円
相続税　8527万円
納税猶予 ⇒ 889万円
配偶者の税額軽減（50％）⇒ 3819万円

納税　3819万円

節税額　1億2173万円

第3章【納税】のときにできる節税策

相続コーディネーター：地積規模の大きな宅地の評価と納税猶予で減額をする

　木村さんの自宅は農家住宅で、前に生産緑地に指定している畑が広がっています。自宅と農地に分けて評価しますが、農地は面積が広く、地積規模の大きな宅地の評価ができると判断。生産緑地の農地でも、宅地として評価されます。

●貸宅地を現地調査し節税

　また、貸宅地は、一体の土地を3人の借地人に貸しています。土地は分筆をしていませんが、現地調査でそれぞれが利用している地形と面積を算出することで不整形地となりますので、減額できました。

　農地は長男が相続し、会社勤めの合間に農業を継続しますので、農地の納税猶予を受けるようにし、納税の負担を減らしました。

| CASE 3 | 節税ができていなかった山崎さん |

土地売却で納税資金と代償金を捻出した

節税額 4680万円

依頼者：山崎さん（50代男性）・会社役員

相続財産	5億282万円
債務・葬式費用	394万円

● 財産構成グラフ

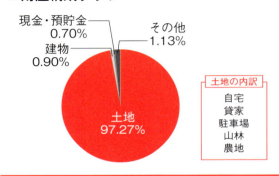

土地の内訳
自宅
貸家
駐車場
山林
農地

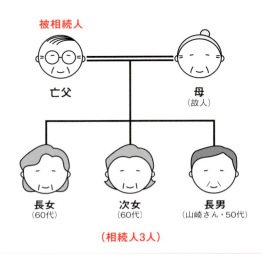

被相続人

亡父 ── 母（故人）

長女（60代）　次女（60代）　長男（山崎さん・50代）

（相続人3人）

相続人　土地の評価を下げ、納税資金を捻出したい

　山崎さんきょうだいは知り合いの弁護士に相続の手続きをお願いしましたが、相続税は1億円払うことになるといわれたそうです。そこで、弁護士が試算した書類を確認したところ、土地評価などに間違いがあり、節税もできていない状況でした。最終的にはきょうだいで話し合った結果、最初の弁護士を断ることに決めました。
　父親の財産は、その大部分を占める土地の評価がポイントになります。姉2人は嫁いでおり、不動産は長男の山崎さんが相続するということで、遺産分割協議も問題がなさそうです。

　しかし、現金はほとんど残っていないため、財産の分割と相続税の納税資金をどうやって捻出するかが一番の課題でした。

相続コーディネーター　不動産鑑定評価をして評価を減らす

　土地1カ所は地積規模の大きな宅地の評価を適用できると判断しました。市街化調整区域の山林は一部駐車場にしているため雑種地評価の7000万円となり、7件の貸家が立っている一団の土地も路線価での評価は5354万円ですが、建物は築30年以上経過し、収益性も悪いため、その評価に値しないと判断しました。そこで2カ所の土地については、不動産鑑定評価で、評価を減らすことにしました。

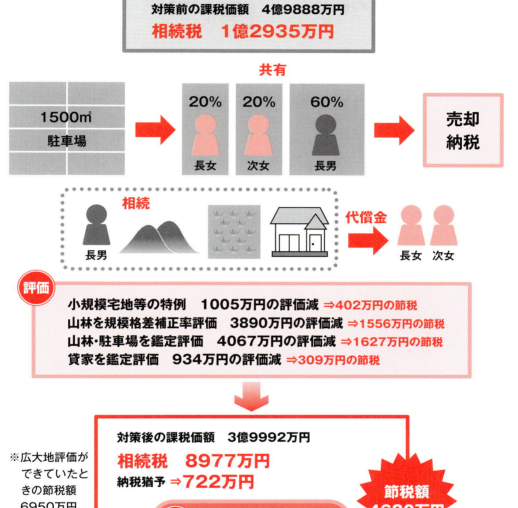

●申告までに土地を売却して納税

納税用の売却地は、駐車場にしている1500㎡の土地と決め、相続する割合で長女20％、次女20％、山崎さん60％の共有としました。幸い申告までに売却が完了し、納税できました。売却地以外の不動産を相続しない姉2人には山崎さんが代償金を払うことで分割のバランスを取りましたので、取得割合の差で代償金を捻出するようにしました。また、相続税分が取得原価になるため、譲渡税の節税にもなっています。

さらに、農地は山崎さんが、今後も農地を耕作していくとのことでしたので、納税猶予を受けて節税しました。

CASE 4　不動産を処分し、申告した小林さん

節税額 3099万円

活用していない不動産を売却、時価申告した

依頼者：小林さん（40代女性）・主婦

相続財産	5億314万円
債務・葬式費用	753万円

●財産構成グラフ

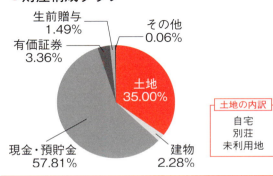

土地の内訳
自宅
別荘
未利用地

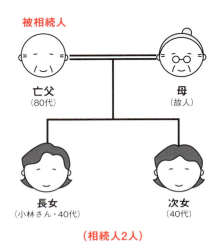

相続人　遊ばせている不動産をなんとかしたい

　小林さんの父親は商社マンとして海外赴任などもこなして活躍したあと、30代で輸入代理店を創業し、経営してきました。父親が陣頭指揮を執っていた時代は、日本の高度成長期。会社の業績も好調で、多くの社員を採用して中堅の会社に成長しました。

　父親とすれば自分の創業した会社を子どもに引き継がせたいという希望があったようですが、2人の娘にその意思がないため、父親は65歳になったときに全株式を第三者に譲渡してリタイアしました。

　会社の余力がある間にと決断したようで、退職金と株式の譲渡代金で億単位の収入を得たのです。このような形で、会社のメリットを子どもに残してやりたいと考えたようです。

　父親は海の近くに土地を購入し、別荘を建築し、内装や家具に相当なお金を費やしました。小林さん姉妹も子どもの頃は家族4人でよく別荘に出かけましたが、姉妹が嫁ぎ、母親が亡くなってからは父親も利用する機会がほとんどなくなったようです。

　今となれば、建物が広すぎて使い勝手が悪いことや、山の中腹にある不便な土地のため、維持できないと考えています。

　また、その他にも購入しただけで活用していない土地などもあり、これらをなんとかしたいと考えました。

不動産を売却して節税

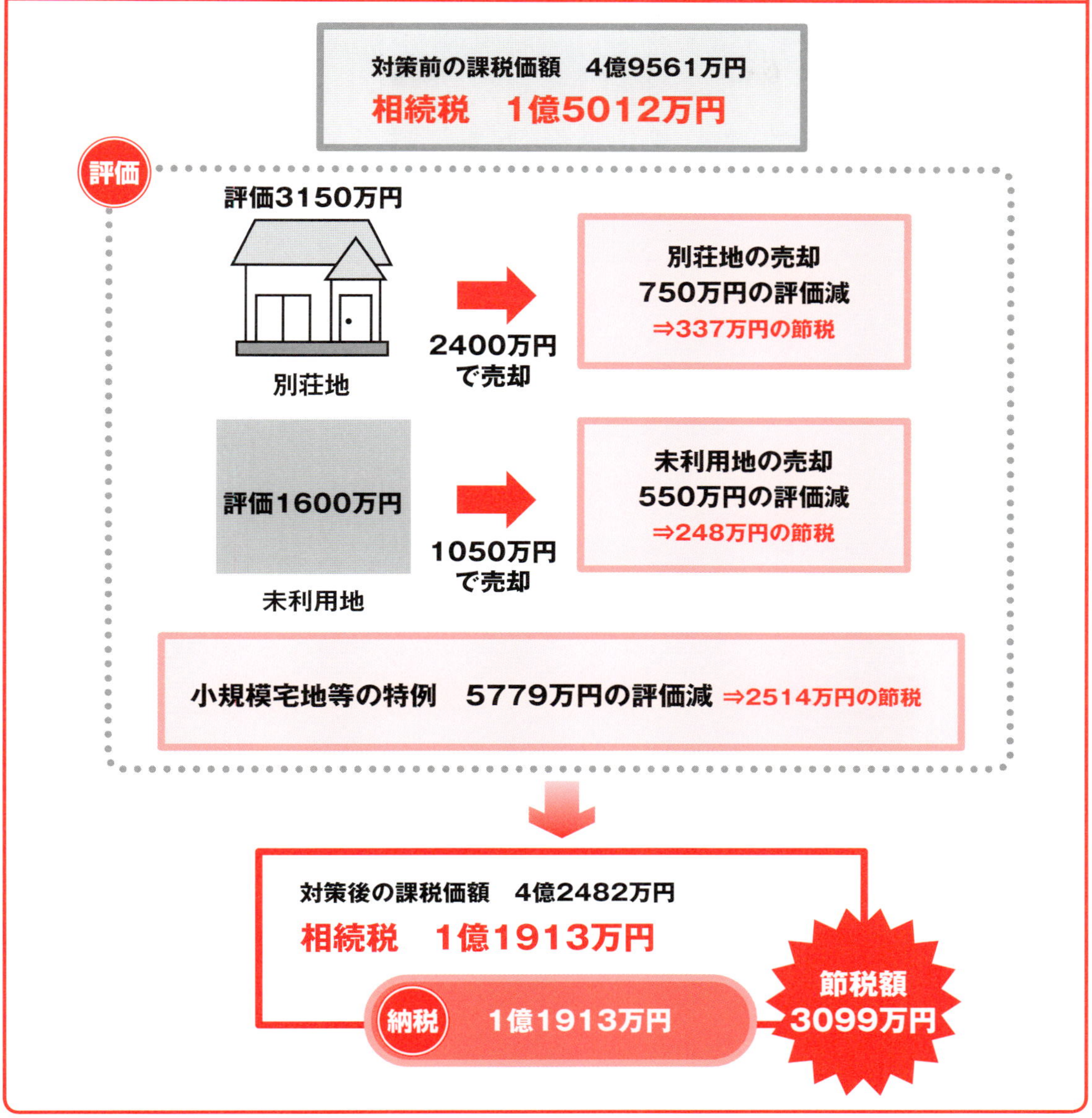

対策前の課税価額　4億9561万円
相続税　1億5012万円

【評価】

別荘地　評価3150万円　→　2400万円で売却　→　別荘地の売却　750万円の評価減　⇒337万円の節税

未利用地　評価1600万円　→　1050万円で売却　→　未利用地の売却　550万円の評価減　⇒248万円の節税

小規模宅地等の特例　5779万円の評価減　⇒2514万円の節税

対策後の課税価額　4億2482万円
相続税　1億1913万円
納税　1億1913万円

節税額　3099万円

相続コーディネーター　売却時の時価申告で節税につなげる

　別荘は持っていること自体が負担になるため、売却を決意。評価は倍率地域で固定資産税評価の1倍となり、土地と建物を合わせると3150万円です。しかし、現実はその金額では売れず、2400万円で売却しました。また、未利用の土地も売却し、評価が1600万円のところ、1050万円となりました。

　この2つの不動産は、倍率や路線価評価ではなく、売買代金を「時価」として、申告をしました。別荘で750万円、未利用地で550万円の評価減となり、相続税の節税になりました。評価以下になる場合は、早めに売却をして「時価」を出すことで節税になります。

第3章【納税】のときにできる節税策

CASE 5 積極的に対策に取り組んだ斉藤さん

節税額
2億4339
万円

配偶者の特例を最大に活かし二次対策をする

依頼者：斉藤さん（60代男性）・不動産賃貸業

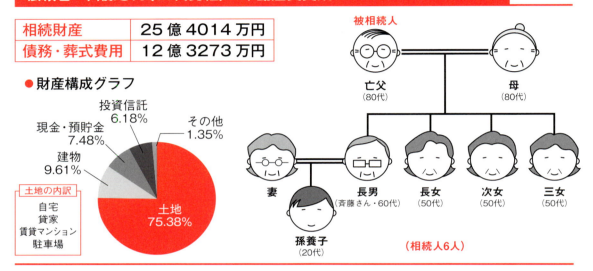

相続財産	25億4014万円
債務・葬式費用	12億3273万円

● 財産構成グラフ
- 投資信託 6.18%
- 現金・預貯金 7.48%
- その他 1.35%
- 建物 9.61%
- 土地 75.38%

土地の内訳
自宅
貸家
賃貸マンション
駐車場

被相続人：亡父（80代）、母（80代）
妻、長男（斉藤さん・60代）、長女（50代）、次女（50代）、三女（50代）
孫養子（20代）
（相続人6人）

相続人　納税資金が不足しそうなので節税したい

斉藤さんの父親は、祖父から引き継いだ農地を所有してきましたが、宅地化が進み、土地を活かして賃貸マンションを建てるようになりました。

10年ほどの間に、毎年のように賃貸住宅を建て、10棟200世帯の賃貸住宅を所有、年間1億円以上の家賃収入を得るようになりました。賃貸管理法人も設立して長男の斉藤さんが賃貸管理を行っています。

事業には建築費の借り入れも必要となり、父親が亡くなったときには12億円もの借入金があり、それが確実な節税となっています。

多くの農地を所有していた父親にとって、相続税の節税対策は不可欠な課題だったのです。

相続に備えて納税用の現金を残したいため、賃貸管理法人を設立してきましたので、父親自身の預金は多くありません。

また、土地は多いのですが面積は小さく、地積規模の大きな宅地の評価もできないと思われます。そこで、専門家に依頼して他の方法で節税したいと考えました。

相続コーディネーター　評価減のポイントを探し出して適用する

賃貸アパートが立っている土地は、駐車場、アパート、私道、畑の4つの利用に分けて評価をします。奥に位置する畑と私道は不整形

土地を4つに分けて評価

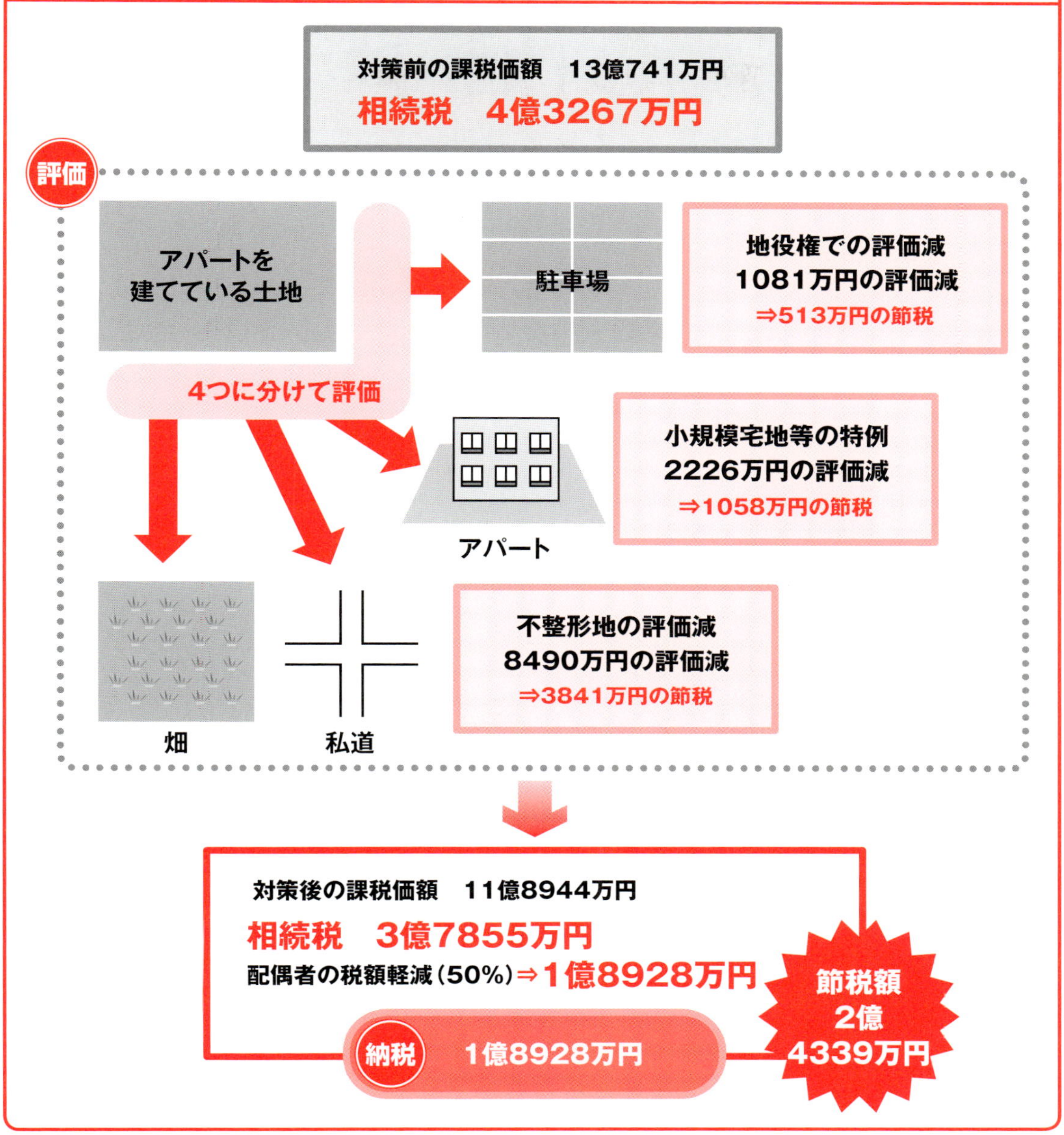

対策前の課税価額　13億741万円
相続税　4億3267万円

評価

アパートを建てている土地 → 4つに分けて評価

- 駐車場 → 地役権での評価減 1081万円の評価減 ⇒513万円の節税
- アパート → 小規模宅地等の特例 2226万円の評価減 ⇒1058万円の節税
- 畑・私道 → 不整形地の評価減 8490万円の評価減 ⇒3841万円の節税

対策後の課税価額　11億8944万円
相続税　3億7855万円
配偶者の税額軽減（50％）⇒1億8928万円

納税　1億8928万円

節税額 2億4339万円

地になり、評価が下がります。私道は通り抜けができず、アパートと畑のためのもので路線価の30％の評価です。

駐車場にしている土地には地役権が設定されており、上空を高圧線が通っていることがわかりました。建築はできますが、高さ制限があるため、そのリスクを減額できました。

●配偶者の特例を最大限に適用

さらに「小規模宅地等の特例」を適用することと「配偶者の税額軽減の特例」を利用することで、納税を減らしました。母親の相続まではまだ時間があると考え、次は資産の組み替えにより、競合を避けながら維持しやすい財産にすることを提案しています。

CASE 6 配偶者の税額軽減で節税した阿部さん

節税額 2752万円

延納して不動産を残し、有効活用で原資を確保

依頼者：阿部さん（50代男性）・会社員

相続財産	2億8990万円
債務・葬式費用	335万円

● 財産構成グラフ

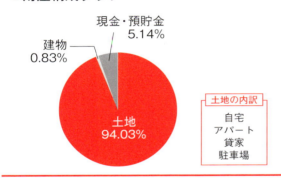

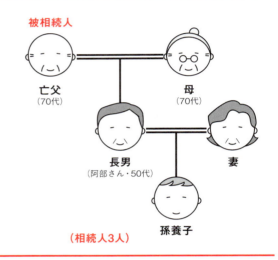

（相続人3人）

相続人　1000坪以上の不動産を手放したくない

阿部さんの父親は借金がきらいな人で、相続税の節税対策はできていません。相続税が相当かかると覚悟はしていましたが、できるだけ節税して残したいと相談に来られました。

父親の財産は自宅と隣接するアパート、貸家と駐車場を合わせると1000坪以上もありますが、どこも売りたくないというのが阿部さんの希望でした。

また、父親が建てた貸家やアパートは築30年以上経っています。建物が老朽化して修繕費がかかり、家賃滞納する人もあり、苦労が絶えません。貸家が空くごとに解体して駐車場に切り替えていましたが、長年住み続けている人もあり、残る貸家は5棟。敷地の4分の1程度になっていました。

納税できる現金がないことも、阿部さんの気がかりとなっています。

相続コーディネーター　駐車場の土地を担保に延納する

貸家とアパートが立つ土地は、三方道路に面しています。ただし、路線価の高い通りには生け垣があり、裏側の通りから出入りしているということなので、低い路線価で評価し、建物ごとに利用区分図を作成して不整形地を作り出し、評価を下げました。

母親には節税対策ができるよう、広い道路

母と長男が土地を共有して相続

対策前の課税価額　2億8655万円
相続税　5249万円

300坪 マンション

毎月の家賃

母親の生活費 ＋ 延納の返済

母親80%、長男20%の共有とし賃貸住宅を建築

母　長男

孫は若いので相続せず

評価
小規模宅地等の特例　1223万円の評価減 ⇒ 428万円の節税
規模格差補正率評価による減額　1552万円の評価減 ⇒ 597万円の節税
宅地造成費による評価減　230万円の評価減 ⇒ 57万円の節税

対策後の課税価額　2億6618万円
相続税　5774万円
配偶者の税額軽減（50%）⇒ 2268万円

納税　2497万円

節税額 2752万円

※広大地評価ができていたときの節税額 4119万円 増税額 1367万円

に面した300坪の土地を相続してもらうことを考えましたが、全体の半分を超えてしまいます。そこで母親の取得割合が全体の50％になるように調整し、300坪の土地は母親80％、阿部さん20％の共有としました。

● 返済のために賃貸住宅を建築

納税は駐車場の土地を担保に延納にしましたが、返済原資のめども必要です。そこで母親の節税対策と延納返済原資確保の両方の目的で賃貸住宅を建てるようにしました。

300坪の土地の2分1に1階店舗、2～5階は住居で1K8戸、1LDK8戸、全室ロフト付きの賃貸住宅を建て、母親の節税対策ができました。毎月の家賃収入が入ることで土地を共有する阿部さんの収入にもなり、延納の返済に充てることができています。

CASE 7 納税した相続税を取り戻した井上さん

還付額 1504万円

土地の評価をし直し、更正の請求をした

依頼者：井上さん（60代男性）・不動産賃貸業

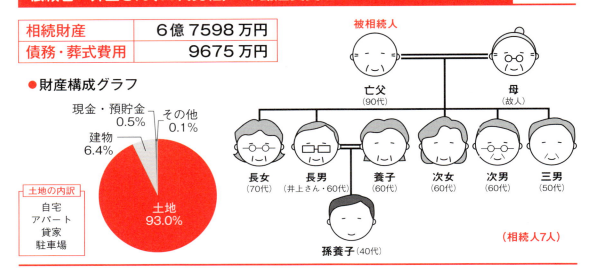

相続財産	6億7598万円
債務・葬式費用	9675万円

●財産構成グラフ
- 現金・預貯金 0.5%
- その他 0.1%
- 建物 6.4%
- 土地 93.0%

土地の内訳
自宅
アパート
貸家
駐車場

（相続人7人）

被相続人：亡父（90代）、母（故人）
長女（70代）、長男（井上さん・60代）、養子（60代）、次女（60代）、次男（60代）、三男（50代）
孫養子（40代）

相続人　適切な申告をしてほしい

井上さんの父親は、農家の長男として祖父から多くの農地を相続しました。自宅と周辺に農地があり、まとまった土地を所有していましたが、電車が通り、区画整理され、時代とともに土地の面積は減りました。

その代わりに最寄り駅が近くにでき、周辺の住環境が整い、土地の評価は格段に上がりました。バブル経済の頃、自宅だけでも億単位の評価となり、土地を物納するしかないと覚悟はしました。その上、母親が先に亡くなり、困ったことになったと思いましたが、父親が長生きして評価が落ち着きました。

亡くなったときは長男の井上さんが中心に手続きをするつもりでしたが、三男が他のきょうだいを自分の味方につけ、ことごとく井上さんのいうことに反論するため、申告手続きは三男に任せることにし、三男の選んだ税理士が相続税の申告をしました。

父親の遺言はありませんでしたが、父親は生前、財産の分け方について話をしており、それぞれに土地を分けることで遺産分割はまとまり、井上さんと父親の養子になっていた妻は土地を売却して納税しました。しかし、土地の評価の説明などがなかったため、申告・納税後、相続の専門家に確認しました。

申告が適切であったかを確認し、更正の請求ができればと考えていましたが、全員の合

納税後に土地評価をし直す

意を得るのは簡単ではなく、特に申告の窓口になった三男は自己主張が強い性格でもあり、説得するのが難しそうでした。

相続コーディネーター 評価をし直して更正の請求を行う

土地の評価を確認すると、自宅と駐車場について、500㎡以上あるにもかかわらず通常の評価で申告していました。現地を確認すると、周辺は住宅地ですので、地積規模の大きな宅地の評価が適用できると判断しました。また、別の畑は、道路に比べると低くなっており、造成費分を減額することができました。

●最初は依頼者だけで還付を受ける

なお、更正の請求については、三男や他のきょうだいの合意を取り付けることができるか不安だということで、井上さん夫婦だけで行いました。無事に還付されましたので、その後、きょうだいにも状況を説明して同様に還付を受けることができました。

COLUMN 4
相続税節税の豆知識

節税も納税も「不動産」で考える

土地＝財産といえない時代
土地神話は消滅

　相続税がかかるたいていの人は、「不動産」、中でも「土地」を所有しています。かつては、土地を持っていることが財産であり、土地さえ持っていればどんどん値上がりし、財産が増える時代がありました。しかし、そうした土地神話はご存知の通り崩壊し、過去の話となってしまったのです。

　けれども、すでに土地を持っている人にとって、土地神話が崩壊したからといって、土地を手放すこともできず、方向転換は簡単ではありません。体力が続く限り代々の土地を守ってきたのが実情と言えるでしょう。そして土地を維持するため、固定資産税などに現金をどんどんつぎ込んでしまって、ますます財産の大半が土地になっているというわけです。その結果、「土地はあるが、お金がないので納税できない」という問題が生じるのです。

不動産からチャンスを
生み出す

　財産の大半が土地のまま相続になったとすると、大きい土地や不整形の土地は節税の余地がありますので、せめて、その特性を生かして節税することをあきらめないようにしましょう。納税にしても土地を売却すれば納税資金の捻出はできます。仮に路線価よりも売却価格が安くなってしまったなら、売買価格を時価として申告をして、それさえ、節税の要因にもできるのです。このように財産の多くが「不動産」、しかも「土地」という場合は、節税も、納税も、その「不動産」で考えなければなりません。だからこそ、不動産実務のノウハウは必須となります。

POINT
評価を減らす土地の項目
①測量をして面積、地形を確認する（評価を減らす）
②道路の状態で評価減する・・・無道路（評価を減らす）
③道路の状態で評価減する・・・私道、セットバック（評価を減らす）
④崖地、傾斜地等の現況を評価する（評価を減らす）
⑤高圧線下の土地は減額できる（評価を減らす）
⑥区画整理中の土地は減額要素がある（評価を減らす）
⑦地積規模の大きな宅地の評価を適用する（評価を減らす）
⑧鑑定評価を採用する（評価を減らす）
⑨路線価評価で売れなかった土地は減額できる（評価を減らす）
⑩特殊な事情は評価に反映させる（評価を減らす）

付録

ココだけは押さえる 相続の基礎知識

1 法定相続人

まずは相続人の範囲を把握する

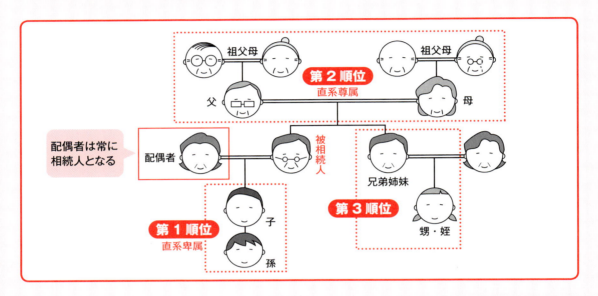

相続人は配偶者と血族

　民法では、相続人になれる人を配偶者と血族に限定しています。

　配偶者（亡くなった人の夫や妻）はどんなときでも相続人となりますが、籍を入れていない内縁関係の場合は相続人になれません。一方、血族には範囲があり、直系卑属（子や孫など）、直系尊属（父や母など）、兄妹姉妹などに大きく分けられます。つまり、被相続人（亡くなった人）のおじやおばなどは相続人にはなれません。

子、父母、兄弟姉妹の順に相続する

　法律で定められた相続人（法定相続人）は、全員が公平に相続できるわけではありません。誰が優先的に相続できるかが決められていて、上位の順位者がいる場合には、下位の血族に相続権はありません。

　順序としては、まず被相続人の子が相続人となります。子が死亡しているときは孫が相続人となります（代襲相続人）。子や孫がいない場合は、父や母が相続人となります。父母が死亡しているときは祖父母が相続人となります。

　父母や祖父母もいない場合は、兄弟姉妹が相続します。兄弟姉妹が死亡しているときは、甥、姪が相続人となります。

　なお、養子縁組をしていれば実子と同じように相続の権利があります。ただし、相続税の基礎控除の計算に入れることができる養子の数には制限があります。

2 法定相続分

相続人それぞれの取り分はいくら？

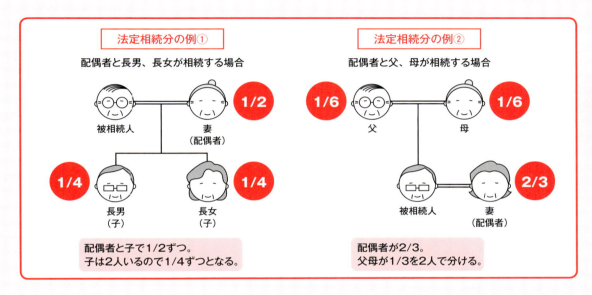

民法で定められた相続分がある

相続手続きでは、相続人と遺産を確定して、遺産を分けるようにしますが、民法では遺産の分割について原則を定めており、民法で定められた相続分を「法定相続分」といいます。
①相続人が配偶者と子の場合→配偶者1/2、子1/2
②相続人が配偶者および被相続人の直系尊属の場合→配偶者2/3、直系尊属1/3
③相続人が配偶者および被相続人の兄弟姉妹の場合→配偶者3/4、兄弟姉妹1/4

相続人が複数いるときは、誰がどの財産をいくらくらいの割合で相続するかといった話し合いをして、遺産の分け方を決めなければなりません。遺言がある場合は優先しますが、ない場合は相続人全員が納得すればどういうふうに分けてもよく、必ずしも「法定相続分」どおりに分ける必要はありません。

相続人に未成年者がいる場合は、その未成年者の法定代理人もしくは家庭裁判所で選任された特別代理人が協議を行います。

相続人同士で遺産分割を協議

遺産分割には、現物分割、代償分割、代物分割、換価分割があり、以上の方法を組み合わせることも可能です。

また、遺産の共有、すなわち遺産を相続人全員で共有するという選択肢もあります。遺産分割が確定した場合は、「遺産分割協議書」を作ります。作り方には決まったルールはありません。

3 承認と放棄

亡くなった人の借金は相続しなくてもOK

プラスの財産がマイナスの財産より多い

 YES　 どちらでもない　 NO

単純承認	限定承認	相続放棄
一切の財産を相続する方法	プラスの財産の範囲内でマイナスの財産を相続する方法	一切の財産を放棄して相続しない方法

相続人が選択できる3つの方法

　財産にはプラスの財産だけでなく、借金などのマイナスの財産もあります。相続は被相続人の財産の一切を引き継ぐことであり、マイナスの財産であっても受け入れなければなりません。そうなると相続人の生活が脅かされる可能性も生じます。

　そこで、相続人には相続が発生したときに、以下の3つの選択肢が与えられます。

①単純承認

　一切の財産を相続する方法です。ローンや借金などがあっても、相続人が返済しなければいけません。

②限定承認

　プラスの財産の範囲内で、マイナスの財産を相続します。プラスの財産よりもマイナスの財産が大きかった場合、相続人が自分の財産から借金などを返済する必要はありません。

③相続放棄

　一切の財産を放棄して相続しない方法です。相続放棄をすると、その人は最初から相続人ではなかったものとみなされます。

家庭裁判所への届けが必要

　限定承認、相続放棄を選択した場合は、相続の開始を知った日から3カ月以内に、家庭裁判所へ届け出る必要があります。何もせずに3カ月を過ぎてしまうと単純承認として扱われることになります。なお、限定承認は相続放棄者を除く相続人の全員がそろって行わなければなりません。

4 寄与分

貢献した分は相続する額が優遇される

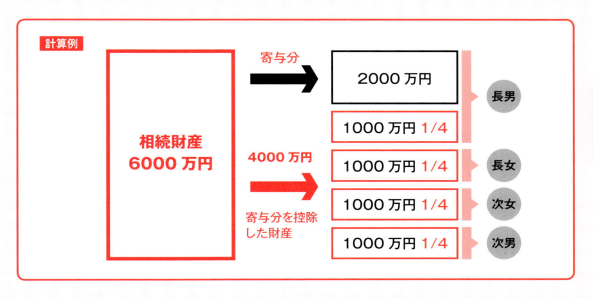

計算例

相続人の貢献度が加味される寄与分制度

寄与分制度は、共同相続人間の公平を図るためのものです。相続人の中には被相続人と一緒に事業に精を出し、財産形成に貢献してきた人もいます。こうした事情を考慮しないで法定相続分どおりで分けると、不公平な結果となります。そこで、貢献してきた人に相続分以上の財産を取得させようとするのが寄与分制度というわけです。

対象となるのは、①被相続人の事業に関する労務の提供、②被相続人の事業に関する財産上の給付、③被相続人の療養看護等です。被相続人の財産の維持または増加に特別の貢献があったと認められれば、財産の価格から「寄与分」を別枠として相続し、残りを配分することになります。

寄与分を主張できる人の条件

なお、寄与分を主張できるのは相続人に限られます。内縁の妻や事実上の養子などは、どんなに貢献していたとしても、自ら寄与分を主張することはできません。

相続放棄した者、相続欠格者や廃除された者も寄与分を主張する資格はありません。また、たとえば、妻が夫の療養看護に努めることは夫婦の当然の義務ですので、寄与に当たりません。

寄与分は原則として相続人全員の話し合い（協議）で決めます。協議がまとまらないときは、家庭裁判所に調停や審判を申し立ててその額を決めてもらうことになります。

5 特別受益

生前贈与は相続の前渡しにすぎない

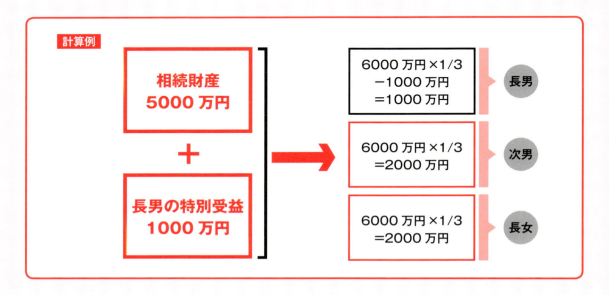

特別受益は相続の前渡し

　相続人の中で遺贈を受けたり（遺言で贈与すること）、生前の資金援助を受けた者がいるとき、これを特別受益といい、相続の前渡しを受けたものとして相続分から差し引いて、計算することになります。

　遺贈された財産はその目的を問わず、すべて特別受益として持ち戻しの対象になります。しかし、「婚姻・養子縁組のため、もしくは生計の資本として」贈与された財産が特別受益になるかについては、被相続人の資産・収入、社会的地位、その当時の社会的通念を考慮して個別に判断すべきものとされています。遺産の前渡しと言えるかどうかが1つの判断基準となるようです。

特別受益となるもの

　特別受益となるものは次のような内容です。「婚姻の持参金をもらった」「独立して事業を始めるときに開業資金を出してもらった」「家を建ててもらった、住宅取得資金を出してもらった」「私立の医科大学への多額の入学金を出してもらった」。婚姻の結納金、挙式費用等は一般的なものであれば対象外です。

　特別受益があるときの遺産分割は、贈与を受けていた財産を相続財産に加算した上で計算することになります。贈与を受けていた者は贈与額を差し引いた額を相続することになります。ただし、相続分を超えてもらいすぎていた場合でも、超過分を返す必要はありません。

6 遺留分

妻や子、孫などには最低限の相続財産が保証される

遺留分の割合

法定相続人	配偶者	子	父母	遺留分の合計
配偶者だけ	1/2	−	−	1/2
子だけ	−	1/2	−	1/2
配偶者と子	1/4	1/4	−	1/2
父母だけ	−	−	1/3	1/3
配偶者と父母	1/3	−	1/6	1/2

● 兄弟姉妹には遺留分が認められない

相続財産は遺留分で最低限保証される

　遺留分とは、民法で定める相続人の最低保証額のことです。被相続人は遺言によって自分の財産を自由に処分することができますが、相続する財産が遺留分に満たない場合、相続人は、遺留分を侵害している人へ請求することができます。これを「遺留分の減殺請求」といいます。

　遺留分の減殺請求ができる相続人は、配偶者、直系卑属（子や孫）、直系尊属（父や母）に限定されています。兄弟姉妹には遺留分が認められていません。また、遺留分の減殺請求ができる相続人が死亡している場合は、死亡した人の相続人が権利を持ちます。

　遺留分の減殺請求を行う場合は、必ずしも訴訟を起こす必要はありません。口頭や書面によって意思表示をすればよいとされています。ただし、口頭で意思表示をしても証拠が残りませんので、後々トラブルになる可能性は否定できません。そのため、配達証明付き内容証明郵便を利用して相手に通知するのが一般的です。

遺留分の減殺請求ができる期限

　なお、遺留分の減殺請求には期限があります。遺留分の減殺請求は、遺留分の侵害を知った日から1年以内に行わなければ、その権利は消滅してしまいます。同様に、相続の開始を知らなかった場合も、被相続人の死亡の日から10年以内に行わなければ時効となり、権利を失います。

7 養子
養子縁組をすると相続税は減らせる

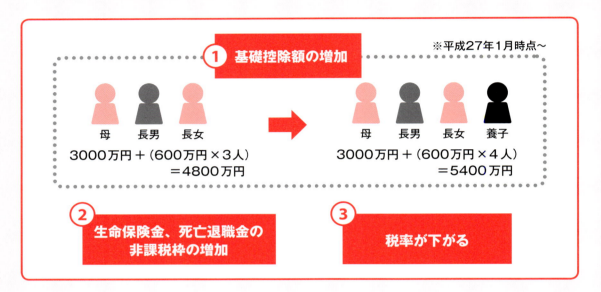

基礎控除額が大きくなる養子縁組

相続の代表的な節税対策として「養子縁組をして相続人を増やす」というものがあります。被相続人の孫や、子どもの配偶者を養子にするのが一般的です。養子縁組をする代表的なメリットは以下のとおりです。

①基礎控除額が大きくなる

相続税の基礎控除額は3000万円+（600万円×法定相続人の数）であるため、法定相続人が1人増えるごとに、基礎控除額が600万円拡大します。その分、課税される財産の価額を減らすことができるわけです。

ただし、相続税法では、基礎控除に入れることのできる養子の数は、実子がいない場合は2人まで、実子がいる場合は1人までと定められています。つまり、養子は何人いても構いませんが、基礎控除には制限があるということです。

税率を下げる効果もある

ほかにも以下のようなメリットがあります。

②生命保険金・死亡退職金の非課税枠の増加

被相続人の死によって支払われる生命保険金と死亡退職金の非課税枠は、500万円×法定相続人の数であるため、養子が増えることで、非課税枠も大きくなります。

③税率が下がる

相続人が増えると、1人当たりの法定相続分も小さくなります。相続税は累進課税のため、低い税率が適用されることにもつながります。

8 相続税の計算①

4つの段階で課税額の算出をする

基礎控除額 | 3000万円+(600万円×法定相続人の数) ※平成27年1月1日以後の相続から適用。

法定相続人の取得金額	税率	控除額
1000万円以下	10%	0円
1000万円超～3000万円以下	15%	50万円
3000万円超～5000万円以下	20%	200万円
5000万円超～1億円以下	30%	700万円
1億円超～2億円以下	40%	1700万円
2億円超～3億円以下	45%	2700万円
3億円超～6億円以下	50%	4200万円
6億円超	55%	7200万円

相続人ごとに課税価額を算出

相続税の算出は、課税価額の計算、相続税総額の計算、各人の相続税額の計算、納付税額の計算という4つの段階からなります。

◎まず課税価額を計算する

相続税の算出は、課税価額を算出することから始まります。この計算は、相続や遺贈によって財産を取得した人ごとに行います。

計算式は下記になります。

①相続(遺贈)財産＋②みなし取得財産－③非課税財産－④債務控除＋⑤相続開始前3年以内の贈与財産

なお、⑤の相続開始前3年以内の贈与財産の加算とは、相続や遺贈によって財産を取得した人が、その相続前3年以内に被相続人から財産の贈与を受けていたときは、その贈与の価額をその人の相続税の課税価額に加える、というものです。

基礎控除までは相続税がかからない

◎相続税の総額を計算する

また、相続する財産には「基礎控除額」が決められています。この基礎控除額とは、いわゆる課税最低限のことで、課税価額の合計額(遺産総額)のうち、これを超える部分に相続税が課税されます。

したがって、課税価額の合計額を求め、これが基礎控除額以下であれば、相続税は一切かかりませんし、申告の必要もなくなるということです。基礎控除額の計算方法は左ページを参照してください。

9 相続税の計算②

相続税の総額から各人の相続税額を計算する

遺産相続　2億円
相続税額　2700万円 実際の相続分
配偶者60％　長男30％　長女10％

《各人の相続税額》

配偶者　2700万円 × 60％ = 1620万円 … 納税額0円

長　男　2700万円 × 30％ = 810万円

長　女　2700万円 × 10％ = 270万円

相続税の総額を比例按分する

　相続税の総額は、相続や遺贈により財産を取得した人全員が負担すべきトータルな税額を示すものです。これだけでは、誰がどれだけの相続税を負担するかわかりません。そこで、各人がどれだけの税額を納めるか、という計算をする必要があります。

　この計算は、相続人や受遺者たちが実際にどれだけの財産を取得したかに基づいて行います。すなわち、相続税の総額を、各人が、取得した財産の課税価額で按分するのです。

按分割合の出し方

　按分割合は、その人が取得した財産を課税価額の合計額で割って出します。按分割合は原則として小数第2位までとします。そして、各人の割合の合計額が1になるように調整します。

　各人の按分割合を相続税の総額に掛けると一人ひとりの算出税額が出てきます。

◎相続税の2割加算とは

　被相続人の配偶者や一親等の血族（父母や子ども）以外の者が財産を取得した場合は、算出税額にその2割を加算するというものです。たとえば、被相続人の孫や兄弟姉妹が財産を取得した場合は、その算出税額が2割増しになります。

　この調整で加算されるのは2割ですが、2割加算した後の税額がその人の課税価格の70％相当額を超える場合は、課税価格の70％相当額が納税額になります。

10 相続税の税額控除

配偶者の税額軽減が一番大きい

相続税には6種類の税額控除がある

相続税には以下の6種類の控除があり、適用すれば税額から控除されます。

1　配偶者控除（配偶者の税額軽減）
①配偶者が相続する割合が法定相続分以下の場合は、相続税がかからない。
②配偶者の取得額が法定相続分を超えていても、その額が1億6000万円以下なら、相続税はかからない。

2　未成年者控除
未成年者が20歳に達するまでの年数1年につき、10万円が控除されます。

3　贈与税額控除
相続開始前3年以内の贈与財産は、相続税の対象として加算されます。このような生前の贈与に対して、贈与税をすでに払っている場合は相続税から控除できます。

4　障害者控除
相続人が85歳未満の障害者の場合は、対象者の年齢が満85歳になるまでの年数1年につき、10万円（特別障害者の場合は20万円）が控除されます。

5　相次相続控除
10年以内に2回以上の相続が続いたときは、前回の相続にかかった相続税の一定割合を、今回の相続税額から控除できます。

6　外国税額控除
外国でも相続税に当たる税金を納税する場合、その分を日本の税金から差し引くことができます。

これらの控除を使うには、相続税の申告期限までに遺産分割を終える必要があります。

おわりに

『頼む人を間違えるな！』
― 相続に強い専門家選びで運命が変わる！ ―

　3月のあるセミナー会場。参加されていたAさん（50代・男性）から相談を受けました。Aさんの父親は前年の7月に亡くなっていて、母親ときょうだい5人で相続税の申告をしないといけないということで、申告期は5月初旬です。

　父親は農家の長男で多くの土地を所有し、アパートや貸家で賃貸経営もしていました。毎年確定申告を依頼している税理士がいて、何の迷いもなく、お盆明けには相続税の申告を依頼していました。父親は遺言書を残していませんので、遺産分割協議が必要です。母親の二次相続も気になります。また、相続税の額によっては、土地を売らないと現金が足りない不安もあります。お正月には家族が揃うので、相続税がどれくらいか、二次相続も踏まえた分け方はどうすればいいのか決めたいので、計算してもらい、アドバイスももらいたいと税理士にお願いしていました。しかし、結果は間に合わず、なにもできなかったのです。しびれをきらして母親とAさんがお願いに行くと、今度は確定申告で忙しくてもう少し時間がかかると言われたそうです。

　セミナーに参加された3月には我慢の限界という時期で困っておられました。その税理士からできているところまでの評価の資料をもらって確認したところ、すべて路線価の土地なのに、固定資産税評価額×1.2倍と評価されていました。他のことはなにもできておらず、分割案、納税案のアドバイスができるはずがないとわかりました。

　もう申告期限まで1か月半しかない時期でしたので、そのままでは間に合わないと判断し、当社に切り替えてもらい、税理士2名、不動産鑑定士、司法書士、相続コーディネーター3名のチームを作り、集中的に取り組むことで4月初旬に現地調査を行いました。そして、評価算出、遺産分割案の提案、節税案、納税案を作り、期限当日に相続税の申告を済ませることができたのです。Aさんが主となり、各地に住むきょうだいからも協力が得られ、配偶者の特例を最大限に生かしながら、納税を減らし、残った預金で払える額まで減らせました。財産は約5億円、通常では相続税1億5000万円のところ、土地の評価で減額、特例などを活かして納税は5千万円にできたのです。

　Aさんはセミナーで思い切って相談して本当によかったとほっとされていました。切り替えの決断をしなければ無申告や評価間違いの税務調査が入ったことは想像できますし、納税を減らすこともできなかったと言えます。母親が相続した不動産についてはアパートの建てかえなどで新たな節税対策を取ることになっています。

　本書をお読みいただいたことで「亡くなってからでも相続税は節税できる」こと、必要な専門家を選ぶことで「財産を残しながら相続を乗り切ることができる実例があること」を知っていただけたのではないでしょうか。"大増税時代"に備えて適切な相続対策を実行され、負担のない、希望のもてる相続を実現していただくことを祈念いたします。

平成30年5月
相続コーディネート実務士　曽根恵子

●著者
曽根恵子（そねけいこ）
相続コーディネーターの創始者として1万4000件以上の相続相談に対処。感情面、経済面に配慮した"オーダーメード相続"を提案し、家族の絆が深まる「夢相続」の実現をサポートしている。

【経歴】
㈱PHP研究所勤務後、昭和62年不動産会社設立、相続コーディネート業務を開始。相続相談に対処するため、平成12年NPO法人設立、内閣府認証を取得。平成13年に相続コーディネートを業務とする法人を設立、平成15年に東京都中央区八重洲に移転し、平成20年に社名を㈱夢相続に変更。㈱夢相続代表取締役、㈱フソウアルファ代表取締役、㈱グローバル・アイ代表取締役、一般社団法人家族をつなぐコミュニケーション研究会代表理事。TV・ラジオ出演、新聞、雑誌取材、セミナー講師など多数実績あり。

【著書】
『相続税は生前の不動産対策で減らせ!』『相続はふつうの家庭が一番もめる』
『相続税対策!土地活用で財産を残せ!』『相続税は不動産で減らせ!』（PHP研究所）
『図解でわかる　相続税を減らす生前の不動産対策 改訂版』（幻冬舎メディアコンサルティング）
『相続に困ったら最初に読む本』（ダイヤモンド社）
『いちばんわかりやすい相続・贈与の本』（成美堂出版）
『円満な相続には遺言書が必要!』（清流出版）
『相続コーディネート入門』『賃貸住宅コンサルティング入門』（住宅新報社）
など累計47冊、37万部出版

●資料作成
㈱夢相続スタッフ　水口日慈、山口進、石川英里、大原清丈

●監修・協力
岸田康雄　公認会計士・税理士

●装丁
佐々木博則

※本書に記載されているデータや制度等の情報は、いずれも平成30年5月時点のものであり、今後変更されることがあります。

図解でわかる
相続発生後でも間に合う完全節税マニュアル 改訂新版

2018年5月29日 第1刷発行

著　者●曽根恵子
発行人●久保田貴幸
発行元●株式会社 幻冬舎メディアコンサルティング
　　　　〒151-0051　東京都渋谷区千駄ヶ谷4-9-7
　　　　電話 03-5411-6440（編集）
発売元●株式会社 幻冬舎
　　　　〒151-0051　東京都渋谷区千駄ヶ谷4-9-7
　　　　電話 03-5411-6222（営業）
印刷・製本●日経印刷株式会社

検印廃止
©KEIKO SONE, GENTOSHA MEDIA CONSULTING 2018 Printed in Japan
ISBN 978-4-344-91654-8　C2030
幻冬舎メディアコンサルティングHP　http://www.gentosha-mc.com/

●落丁本、乱丁本は購入書店を明記のうえ、小社宛にお送りください。送料小社負担にてお取替えいたします。
●本書の一部あるいは全部を、著作者の承諾を得ずに無断で複写・複製することは禁じられています。

定価はカバーに表示してあります。